푸르른 그대로

마산·민주·시혼

| 일러두기 |

권환 시선 텍스트는 『카프 시인집』, 시집 『자화상』, 『윤리』, 『동결』 및 『권환 전집』(황선열 편), 『권환 전집』(박정선 편)을 참고하여 현대어법을 기준으로 정하였다.

푸르른 그댈

편저자 배대화

마산

민주

시혼

불휘
미디어

목차

머릿말·6

마산 민주주의 시의 별자리

권 환
정지한 기계·12 | 우리를 가난한 집 여자이라고·15 | 소년공(少年工)의 노래·18 | 명일(明日)·20 | 달·22 | 사과 구름·23 | 청당(淸塘)·25 | 동경(憧憬)·26 | 자화상·27 | 한역(寒驛)·28 | 풍경(風景)·29 | 고향·30 | 윤리·31 | 집·33 | 가을·34 | 행복·35 | 곽침지(郭侌知)·36 | 선창 뒷골목·38
■ 평설 - 마산 민주주의 시문학의 기원·39

정진업
하루·68 | 강남으로 가자·70 | 푸르른 그대로·72 | 임의 날개 위에·73 | 국화·76 | 바다·Ⅰ·78 | 바다·Ⅱ·80 | 이루어질 나라는·82 | 갈대·84 | 소녀의 노래·85 | 거리·86 | 바람·87 | 가을비처럼·89 | 손톱·91 | 원근법·94 ■ 평설 - 새로운 공화국을 꿈꾼 시인·96

이선관
창동 네거리·Ⅱ·122 | 애국자(愛國者)·124 | 헌법 제 일조(憲法 第一條)·125 | 나는·126 | 번개식당을 아시나요·127 | 그이는·129 | 독수대(毒水帶)·131 | 독수대·3·132 | 독수대·4·133 | 체르노빌·1·134 | 체르노빌·3·135 | 살이 살과 닿는다는 것은·136 | 만약 통일이 온다면 이렇게 왔으면 좋겠다·137 | 내가 사는 방·138 | 마산, 그 창동의 허새비·140 | 보통시민(市民)·142 | 겁나는 종이호랑이·144 | 역시 마산은 이 땅의 변방이 아니라는…·145 | 척박한 이 땅에 땅심을 북돋아 주기 전에·146 ■ 평설 - 휴머니즘과 근원적 생명 감각의 시·148

우무석
교방동 시편·174 | 여름 연가·176 | 붉은 방·177 | 자정의 밀항·179 | 소쿠리 안의 뜬구름·181 | 수평선(水平線)이 있는 집·182 | 지하실 수족관·183 | 강남(江南) 유치장·184 | 반성 없는 반성문·185 | A급 연행·187 | 그날 산복도로를 달렸다·188 | 신마산 연애다리·190 | 전야·192 | 길들의 브라운 운동·194 | 이선관 시인의 양복 안주머니·196 ■ 평설 - 항쟁과 기억의 새로운 변용·197

마산 민주주의 기념 시편

김태홍
마산(馬山)은! · 218 | 유서(遺書) · 220 | 보았느냐! 들었느냐! · 222

이 석
마산에서의 봄 · 224 | 초혼 · 226 | 마산의 3·15 그리고 34년 · 228

이제하
다시 바다 · 230

정규화
그리움에게 · 232 | 마산 · 233 | 3월 15일 마산에서 · 234

최명학
이 가을의 삼일오 · 238 | 애기봉 산자락엔 · 240

강신형
표적을 위하여 · 242 | 만취(漫醉) · 244 | 마산의 눈물 · 245

정일근
새 양복과 연애와 10월 18일과 · 247 | 시월, 처음 · 250 | 십점일팔은 없다 · 251

이서린
그러나 아니었다 · 253 | 잊혀진 계절 · 255

김유철
돌멩이 날다 · 256 | 당신은 언제나 오시렵니까 · 257

주요 참고문헌 · 258

┃ 머리말

　문학은 늘 정치적이었다. 지금도 그렇다.
　서정시란 일반적으로 아직껏 외부의 대상으로 촉발되는 개인의 주관적인 감정과 내면을 서정적이고 미적으로 표현하는 것으로 여겨진다. 즉 외부의 목청 높은 소리에 오염되지 않은 언어와 섬세함으로 서정시는 정치와 사회처럼 '순수하지 않은' 세상과 단절된 것처럼 간주된다. 그리하여 정치와 가장 멀어 보일 뿐만 아니라 전연 무관해 보인다. 그러나 이러한 서정시조차도 사회나 정치를 벗어나 다른 시공간에서 영위될 수는 없다. 왜냐하면 객관세계나 사회에 대한 개인의 역사적 관계에서 완전히 자유로울 수 있는 서정 시인은 없기 때문이다. 따라서 문학이 스스로 정치와 무관하다고 소리 높여 아무리 외쳐 봐도 정치와 사회의 영향에서 벗어날 수 없다.
　서양 근대 이후 즉 낭만주의 이후 서정시는 근본적으로 자아와 세계가 대립하는 상황에 놓이게 되었다. 자아와 세계의 대립은 근대성에서 비롯한다. 이 근대성의 기본 요소는 반성적 개인이다. 여기에는 근대 이후 사회는 끊임없이 발전하거나 늘 모순적이라는 전제가 깔려 있다. 사회 진보나 변혁의 원동력은 역설적으로 이러한 모순에서 비롯된다. 또한 역사의 진보를 믿지 않더라도 사회가 늘 완벽하지 않다는 사실을 부정할 수 없다. 문학은 때로는 우회적으로, 때로는 직정적으로 모순과의 대결을 통하여 자신의 존재를 새롭게 하였으며 사회 변혁을 위한 새로운 미적 가치를 창조하였다. 시 또한 사회 변혁을 위한 영감의 원천이었으며, 잊혀 가는 역사적 기억을 새롭게 만들었다.

민주주의는 늘 변화 가운데 있다. 그것은 앞으로 나아갈 수 있으며 뒤로 후퇴할 수 있다. 민주주의의 운동은 세상의 모든 운동처럼 스스로 반작용인 반대운동을 만들어 낸다. 민주주의보다 더 나은 제도를 만들기가 어렵다면 민주주의가 전진하도록 만들어야 한다. 그러므로 반대운동이 민주주의의 운동을 방해하여 퇴행시키지 않도록 해야 한다. 민주주의의 운동과 퇴행은 우리의 역사적 경험이며, 2024년 12월 3일 위헌적 비상계엄에서 우리가 마주했던, 지금도 마주하는 현실이다.

이승만 독재정권을 무너뜨린 3·15 마산의거, 박정희 독재정권을 붕괴시키는 기폭제가 된 10·18 부마민주항쟁은 근대 도시 마산의 민주주의 정신이 분출한 역사적 사건이다. 마산의 민주주의 정신은 숭고한 희생을 치르면서 민주주의를 퇴행시키는 반대운동을 막아 한국 민주주의의 전진에 이바지하였다.

독재 타도를 외친 마산의 민주주의 정신을 프랑스 대혁명의 슬로건을 빌어 규정해 보면 자유, 평등, 박애의 정신이라 할 수 있다. 마산의 민주주의 정신은 마산의 시문학에서도 일정한 흐름을 형성해 왔다. 단지 지금까지 그 흐름을 한자리에 모아 살펴서 그 뜻과 정신을 밝혀 세상에 내어놓는 노력이 부족했을 따름이다. 그래서 『푸르른 그대로』는 마산의 시문학에서 민주주의 정신의 흐름을 잇는 시인들을 한자리에 모았다. 그들의 시 세계를 해석하고 평하여 마산의 작은 민주주의 시문학사가 되고자 한다. 이 시도가 마산의 민주주의 시문학사와 마산의 시문학사를 위한 밑거름이 될 수 있다면 뜻하는 목표를 어느 정도 이루었다 하겠다. 나아가 마산의 민주주의 정신과 3·15 마산의거와 10·18 부마민주항쟁의 역사적 기억을 늘 새롭게 만드는데 이바지하기를 바란다.

 민주주의의 전진은 정치 영역만의 노력으로는 부족하다. 역사적으로 민주주의는 교육이 뒷받침될 때 비로소 사회의 퇴행을 막고 사회의 전 영역으로 확산하였다. 사람의 정서에 호소하고 영감을 키우는 시는 민주주의 교육에서도 매우 효과적이다. 『푸르른 그대로』가 지역의 민주주의 교육이 진일보하는 데 이바지할 수 있다면 더할 나위 없을 것이다.

 1부는 마산의 민주주의 시문학의 흐름을 대표하는 시인 권환, 정진업, 이선관, 우무석의 시세계에 대한 해석과 평설 그리고 대표 시들을 담았다. 마산의 근대 시와 민주주의 시의 시작은 권환 시인을 통하여 동시에 일어났다. 권환은 조선프롤레타리아동맹카프을 대표하는 문사였다. 권환은 노동자와 농민의 해방을 통하여 일제의 침략을 물리치고 민족의 해방과 새로운 나라의 건설을 추구하였다. 권환의 시정신은 해방 후 정진업으로 이어졌다. 정진업은 지역의 근대 연극의 발흥에 초석을 놓았으며 겨레의 정의로운 공화국 건설을 열망하였다. 정진업을 존경하던 이선관은 언급할 필요도 없이 마산의 민주주의 정신을 상징하는 시인으로 손꼽힌다. 아직 현역인 우무석은 10·18 부마민주항쟁에 바치는 시집 『10월의 구름들』로 정진업과 이선관의 시 정신을 계승하였다.

이 4명의 시인 선정은 오로지 필자에 의한 것이다. 마산이 낳은 훌륭한 시인들은 많다. 민주주의라는 관점에서 살펴봐도 그럴 것이다. 그러나 통합 이전의 마산 지역에서 성장하여 생애의 대부분을 마산에서 활동한 시인들 가운데 민주주의라는 주제에 자신의 많은 시를 할애한 시인을 기본적인 기준으로 삼았다. 여기서 선정된 시인들과 작품들이 마산의 민주주의 시문학의 전모를 이루지는 않는다. 행여 민주주의라는 관점이 불러일으킬 오해를 불식하기 위하여 미리 밝혀 둔다.

2부는 3·15 마산의거와 10·18 부마민주항쟁을 기리는 시 일부를 선정하여 실었다. 1부와 마찬가지로 시 선정은 오로지 필자의 몫이다.

올해는 이선관 시인이 타계한 지 20주년이 된다. 이 책은 이선관시인기념사업회에서 이선관 시인 타계 20주년 기념 사업의 일환으로 기획되었다. 이 기획은 진헌극 이선관시인기념사업회 부회장님과 회원님들과 심심한 후원이 없었더라면 가능하지 않았을 것이다. 커다란 감사를 드린다. 출판 지원사업 응모에서부터 책으로 완성되기까지 전적으로 수고를 아끼지 않으신 김리아 대표님을 비롯한 불휘미디어 모든 분들께 감사를 드린다. 세세하게 교정을 봐준 배영신 선생에게도 고마움을 표한다.

2025. 08. 01.
월영동에서 배대화

제1부

마산 민주주의 시의 별자리

권 환

정지한 기계

- 어느 공장 ×××[노동자] 형제들이 부르는 노래

기계가 쉰다
괴물 같은 기계가 숨 죽은 것 같이 쉰다
우리 손이 팔짱을 끼니
돌아가던 수천 기계도 명령대로 일제히 쉰다
위대도 하다 우리의 단결력!

왜 너희들은 못 돌리나?
낡은 명주같이 풀죽은
백랍白蠟 같이 하얀
고깃기름이 떨어지는 그 손으로는
돌리지 못하겠니?

너희들에게는 여송연 한 개 값도
우리한테는 하루 먹을 쌀값도 안 되는 그 돈 때문에

동녘 하늘이 아직 어두운 찬 새벽부터
언 저녁별이 반짝일 때까지 돌리는 기계

빈 배를 안고 부르짖는 어린 아들딸을
떨쳐 놓고 와서 돌리던 기계

기만幾萬 척 비단이 바닷물같이 여기서 나오지만
추운 겨울 병든 아내 울울 떨게 하는 기계
가죽 조대調帶에 감겨 뼈까지 가루 된 형제를 보고도
아무 말 없이 눈물 찬 눈만 서로 깜빡이며 그냥 돌리던 기계

왜 너희들은 못 돌리나?
낡은 명주같이 풀죽은
백랍같이 하얀
고깃기름이 떨어지는 그 손으로는
돌리지 못하겠니?

너희들이 호위 ××이 긴 칼을 머리 위에서 휘두른다고
겁내서 그만둘진대야
너희들의 〈사랑 첩〉 개량주의가 타협의 단♯ 사탕을 입에 넣어 준다고
꾀여서 그만 말진대야
우리는 애초에 파업 투쟁 시작 안 했을 게다

못난 〈스캄푸〉가 쥐새끼처럼 빠져나간다고
방해돼서 못할진대야
너희들의 갖은 탄압에 떨려서
중도에 포기할진대야
우리는 애초에 파업 투쟁 시작 안 했을 게다
나폴레옹의 ×××도 무서운 〈××〉의 ××가 우리에게 없었더라면
우리는 애초에 금번 ×을 시작도 안 했을 게다

기계가 쉰다
우리 손이 팔짱을 끼니
돌아가던 수천 기계도 명령대로 일제히 쉰다
위대도 하다 우리의 단결력!

왜 너희들은 못 돌리나?
낡은 명주같이 풀죽은
백랍같이 하얀
고깃기름이 떨어지는 그 손으로는
돌리지 못하겠니?

우리를 가난한 집 여자이라고
― 이 노래를 공장에서 일하는 수만 명 우리 자매에게 보냅니다

우리들을 여자라고
가난한 집 헐벗은 여자라고
민초처럼 누른 마른 명태처럼 빼빼 야윈
가난한 집 여자라고
놈들 마음대로 해도 될 줄 아느냐
고래 같은 놈들 욕심대로
마른 우리들의 피를
젖 빨듯이 마음대로 빨아도 될 줄 아느냐

놈들은 많은 이익을 거름같이 갈라가면서
눈꼽짝만 한 우리 삯돈은
한없는 놈들 욕심대로 자꾸자꾸 내려도
아무 이유 조건도 없이
신고 남은 신발처럼
마음대로 들었다 메다쳐도 될 줄 아느냐

우리가 만들어 주는 그 돈으로
놈들 여편네는 보석과 금으로 꾸며 주고
우리는 집에 병들어 누워 있는

늙은 부모까지 굶주리게 하느냐

안남미밥 보리밥에
썩은 나물 반찬
돼지죽보다 더 험한 기숙사밥
하얀 쌀밥에 고기도 씹어 내버리는
놈의 집 여편네 한번 먹여 봐라

태양도 잘 못 들어오는
어둠컴컴하고 차디찬 방에
출입조차 ············게 하는
감옥보다 더 ······한 이 기숙사살이
낮이면 양산 들고 연인과 식물원 꽃밭에
밤이면 비단 커튼 밑에서 피아노 타는
놈 집 딸자식 하루라도 시켜 봐라

걸핏하면 길들이는 원숭이같이
모진 ×××의 날카로운 ×
놈 집 여편네 딸자식 한번 ×어 봐라

우리들을 여자라고
가난한 집 헐벗은 여자라고
마른 피를 마음대로 빨라고 말라

우리도 항쟁을 한다 ········을 안다
아무래도 ×어 ×× 일어나는 우린데
이놈의 집에서 쫓겨 나가는 걸
순사들 손에 붙잡혀 가는 걸
눈꼽만치라도 겁낼 줄 아나

아무래도 싸우는 우리니
죽을 때까지 항쟁하리라 싸우리라

소년공少年工의 노래

우리는 나이 어린 소년공이다

뼈와 힘줄이 아직도
봄바람에 자라난 풀대처럼
연하고 부드러운 나이 어린 소년
부잣집 자식 같으면
따뜻한 햇빛이 덮여 있는 풀밭 위에서
단 과자 씹어 가며 뛰어 놀 나이 어린 소년
부잣집 자식 같으면
공기 좋은 솔숲 속 높은 집안에서
글 배우고 노래 부를 나이 어린 소년이다

그러나 우리는 지금
햇볕 없고 검은 먼지 찬 제철 공장 안
무겁고 큰 기계 앞에서
짠 땀을 흘리는 소년공이다
이른 아침부터 늦은 저녁까지
기계를 돌리고 망치를 두드려도
……운 주인 영감의……
모…… 어른의 앞……로

부드러운 ……에 푸른 ×티만 남기는 것밖에
아무것도 얻어간 것 없는 소년공이다

그렇지만 우리는 잘 안다
우리와 같이 일하던 많은 아저씨들이
……
놈들하고 죽도록 싸우다가
×××에 ……서 ××간 것을
우리는 잘 보았다 우리는 잘 안다

동무들아 나이 어린 소년공 동무들아
×× 아프다고 울기만 하지 말고
×하다고 ××만 하지 말고
우리도 얼른 힘차게 억세게 자라나서
용감한 그 아저씨들과 같이
수백만 우리처럼 가난한 사람들
마른 피를 놈한테들 빨리기만 하는 동무들
이리 가나 저리 가나 죽음뿐 ……………들을 위해서 싸우자 응 싸우자!

명일明日

명일이 만일 없다면!
그런 말은 가정해서라도 상상해서라도 행여나 입 밖에 내지를 말아라.
그것은 말만이라도 내 몸뚱이를 절망의 바다에 던져 버리는 소름끼치는 말이다.
만일이라노 만일이라도 말이다.

명일이 만일 없다면
나는 이 자리에서 어린애처럼 통곡慟哭할 게다
땅을 두드리며 발버둥치며.
오! 무섭다. 참으로 싫다. 가정이라도 상상이라도 그 가정은 그 상상은.

명일이 만일 없다면
나는 이 쓴 웅담을 당과처럼 달게 꺽꺽 씹고 있지 않을 게다.

명일이 만일 없다면
나는 눈 덮인 이 얼음 길을 부드러운 융전絨氈 위처럼
발가벗은 맨발로 터벅터벅 걷지 않을 게다.

명일이 없다면
이 썩어가는 두 폐조각을 그냥 그대로 물끄러미 보고만 있을 게다.

산소酸素를, 칼슘을, 비타민을 주려고 애쓰지도 않고.

명일이 만일 없다면
나는 푸른 등불 밑 커다란 파초 옆에서 인형같은 그 여자와 함께
마음껏 한껏 알콜병을 빼고 춤을 추며 노래할 게다.
발바닥이 아프도록 숨이 차고 눈물이 나도록.
누구를 꺼려서 누구를 위해서 그렇게 못하겠니?

명일이 만일 없다면
너는 저 한없이 높고 깜깜한 창공을 대담하게 바라보지 못할 게다.
그러나 저 지금 수억만 개의 진주같은 별들은
나를 내려다보고 모두 생긋생긋 웃지 않나
그리고 나를 향해 분명히 속삭거린다.
"명일이 있다"고 "명일이 온다"고.

오! 창공이여 대지여!
명일이 있다 멀지 않아 명일이 온다. 환희歡喜의 명일이!
그래서 우리는 차고 캄캄한 이 밤을 극히 사랑한다
그래서 진주알처럼 작은 이 별들을 한없이 사랑한다
커—다란 태양같이.

명일이 있다
그래서 나는 한껏 웃고 한껏 울련다.

달

은쟁반같은 둥근 달이
새까만 구름을 헤치고 나왔다
하얀 비단 보자기가 온 세계를 골고루 덮었다
곳곳마다 아름다운 은가루를 뿌려 주었다

잔잔하게 흘러가는 한강의 물결 위에도
말없이 우뚝 솟은 북악산北岳山 바위 위에도
맑은 피아노 곡조가 흘러나오는 양관洋館 집 붉은 지붕 위에도
푸른 커—튼을 헤치고 밤늦게 연인 기다리는 처녀의 가슴에도
뾰죽하게 솟은 천주교당 집에도 고요한 묘지 위에도
소조蕭條한 화원 위에도 옛 성터에도

달이여! 나는 너를 사랑한다 참으로 사랑한다
그것은 네가 처녀같이 어여쁜 때문도 아니다
은쟁반이 탐스러운 때문도 아니다
너를 보며 울고 노래하는 철없고 행복스러운 시인도 아니다

나는 애인도 없다 추억도 탐미도 모른다
다만 너의 맑고 흰 빛이
아무런 교만驕慢도 없이 아유阿諛도 없이
또 아무런 에고이스틱한 인색吝嗇도 없이
온 세계를 골고루 골고루 덮어 주는 때문이다.

산과 구름

구름이 산을 내려다보고 말하기를
산이여! 둔중鈍重 한 산이여! 철석같이 공고鞏固한 그대의 의지
꿋꿋한 침착성沈着性 을 나는 존경한다.

그대는 그러나 한 매너리스트
이끼 끼인 회고주의자
역사를 모르는 완고당頑固黨

나는 싫어한다 산의 영원한 우울을
영원한 침묵을!
산이여 좀더 적극적이거라 좀더 명랑하여라!

산이 구름을 쳐다보고 말하기를
그대의 민활敏活, 영리한 활동을
동에 번쩍 서에 번쩍하는
그 지혜 그 정력을 나는 선망한다.

나는 그러나 경멸한다
바람에 따라가고 바람에 따라오는
양키 같은 그 경박을

흩어졌다 모였다 희어졌다 검어졌다 하는
양키 같은 그 부화浮華를!

구름은 결국 앵글로색슨 같은 이기주의자
천상의 기회주의자
날아다니는 모더니스트!

청당 淸塘

깊은 가을 맑은 못 밑에
푸른 별들이 반짝반짝

푸른 별들은 물결을 따라
오르락내리락

하 — 얀 고기들은 별을 따라
오르락내리락

그들은 어여쁜 별을
한 입에 삼키려고

동경 憧憬

바다같은 검은 장막
흰 안개 속에 나부낀다

눈부신 태양은 보기 싫고
푸르고 작은 별이 그리워

언제든지 신기한 곡조다
저편서 들리는 피리 소리

불어라 힘차게 불어라
대공大空이 찢어지도록

그러나 나는 보노라 듣노라
발밑에 영원히 흐르는 강물을

물새가 한 마리 두 마리
따라 흘러간다
영원히! 영원히!

자화상

A
거울을 무서워하는 나는
아침마다 하 — 얀 벽바닥에
얼굴을 대보았다

그러나 얼굴은 영영 안 보였다
하 — 얀 벽에는
하 — 얀 벽뿐이었다
하 — 얀 벽뿐이었다

B
어떤 꿈많은 시인은
제2의 나가 따라 다녔더란다
단둘이 얼마나 심심하였으랴

나는 그러나 제3의 나…… 제9의 나……제○○의 나까지
언제나 깊은 밤이면
둘러싸고 들볶는다

한역 寒驛

바다같은 속으로
박쥐처럼 사라지다

기차는 향수를 싣고

납같은 눈이 소리 없이
외로운 역을 덮다

무덤같이 고요한 대합실
벤치 위에 혼자 앉아
조을고 있는 늙은 할머니

왜 그리도 내 어머니와 같은지
귤껍질같은 두 볼이

젊은 역부驛夫의 외투자락에서
툭툭 떨어지는 흰 눈

한 송이 두 송이 식은 난로 위에
그림을 그리고 사라진다

풍경 風景

저 — 영감 좀 봐요
아 — 주 대머리 뒷꼭지에다
감투를 탁 재껴 쓰골랑
한 손에는 곰방 담뱃대
한 손에는 단장을 끄으는 집주름
어둔 골목을 비틀비틀
혼자 빙글빙글 웃으면서
호박밭 서주사徐主事네 집
흥정을 붙인 게지

고향

내 고향의
우거진 느티나무 숲
가이없는 목화밭에서
푸른 물결이 출렁거렸습니다

어여쁜 별들이 물결 밑에
진주같이 반짝였습니다

검은 황혼을 안고 돌아가는 흰 돛대
당사(唐絲) 같은 옛 곡조가 흘러나왔습니다

그곳은 틀림없는 내 고향이었습니다

꿈을 깬 내 이마에
구슬같은 땀이 흘렀습니다

윤리

박꽃같이 아름답게 살련다
흰 눈같이 깨끗하게 살련다
가을 호수같이 맑게 살련다

손톱 발톱 밑에 검은 때 하나 없이
갓 탕건에 먼지 훨훨 털어 버리고
축대 뜰에 티끌 살살 쓸어버리고
살련다 박꽃같이 가을 호수같이

봄에는 종달새
가을에는 귀뚜라미 우는 소리
천천히 들어 가며
살련다 박꽃같이 가을 호수같이

비 오며는 참새처럼 노래하고
바람 불며는 토끼처럼 잠자고
달 밝으면 나비처럼 춤추며
살련다 박꽃같이 가을 호수같이

검은 땅 위에 꿋꿋이 서

푸른 하늘 쳐다보며

웃으련다 별과 함께

별과 함께

앞 못 물 속에 흰 고기떼 뛰다

뒷산 숲 속에 뭇새 우누나

살련다 박꽃같이 아름답게 호수같이 맑게

집

우리 집이 어드메 어느 게냐구요
산너머도 바다 건너도 아니라오

당홍 고추 하얀 박이 울긋불긋
초가 지붕을 수놓은
저 —기 저 집이라오

꽃송이 같은 반시 홍시
전설같이 주렁주렁 달린 감나무
까치 한 떼 날라 앉은
저 —기 저 집이라오

건너편 푸른 산 바라보며
얼룩박이 황소 한 마리
혼자 여물 씹는
저 —기 저 집이라오

초록 저고리 분홍치마 길게 끄으는 색시 뒤에
감둥 강아지 따라나오는
저 —기 저 집이라오
붉은 황토밭 밑 늙은 느티나무 뒤
저 —기 저 집이라오

가을

산골 벼가 금같이 누르니
저녁놀이 자주같이 붉으니
아버지 살결이 유달리 희다

머리 딴 총각 때부터 부친다는
서마지기 논 둔덕 위에서
혼자 잡초 연기를 피우면서
아버지는 무엇을 생각는지?

행복

얼큰히 기분좋게
아버지는 오래간만에 취하였다

배나무 밑 분네집서
추탕鰍湯하고 한껏 자신 것이다

몇 번이나 되풀이하였다 반쯤 혀 굳은 소리로
우리 집은 운수도 이젠 돌아온다고

빙글빙글 두 손을 마주 부비며
어머니도 어쩔 줄을 몰랐다

팔 년 동안 면面 급사로 있던 내 아우가
오늘 서기로 승급한 것이다

곽첨지 郭僉知

서리같이 허 — 연 머리털 위에는
검불티가 부 — 옇게 쌓여 있다
주름살이 쭈글쭈글하는 얼굴
흙빛같이 누르고 검다
그리고 마른나무 껍질같은 두 손
무거운 짐을 질 때마다 삼대같이 야윈 다리가
중풍 병자같이 벌벌 떤다

그러나 지금도 그는 뒤뜰 논 일곱 마지기를 위해서
이른 아침부터 늦은 저녁까지
힘없는 숨을 헐떡여가며
지게를 지고 괭이를 메어야 된다
일곱 마지기 논 그것은 금쪽같이
그의 열 살 먹은 외동아들같이 사랑하고 아낀다

그가 삼십 전후 억센 다리에 피가 펄펄 뛸 때엔
늘 천석꾼의 꿈을 꾸었다
그 꿈 때문에 모든 것을 참아 가며 살아왔다
그러나 지금은 그 꿈도 구름같이 사라진지 오래다
그 꿈은 구름보다 더 까맣고 헛되었다

그는 지금 보리를 바지게를 받쳐 놓고
논 언덕 위에 우두커니 앉아 있다
등바닥 해진 낡은 삼베옷
허 — 연 머리카락을 가을 바람에 휘휘 날리면서
곰방대를 뻐끔뻐끔 피우고서
일곱 마지기 논을 내려다보고 무엇을 생각는지?!

선창 뒷골목

이켠엔 머리 하아얀 할머니 팥죽 항아리
앞에 낡은 십 원짜리 지화 닷 장을 세고 또 세고

저켠엔 다박머리 종일 재깔거리는
애꾸눈이 계집아이와 썩은 고구마 바구니

그 옆엔 일전짜리 바나나 빵 굽는
다 해진 군복에 연신 된기침을 쿨룩거리는 수염털보 영감

고급차 지프 트럭이 지날 때마다
시껌은 진흙물이 사정없이 뛰어 오른다.

생선 비린내 풍기는 선창 뒷골목에
날이 벌써 저물어

고양이처럼 웅그리고 콧물을 흘리는 할머니 등 위에
눈 섞인 궂은 빗방울 떨어진다.

평설

마산 민주주의 시문학의 기원

_____ 파토스와 리리시즘의 시인 권환

　시인 권환은 1903년 경남 창원군 진전면 오서리^{현재 마산합포구 진전면 오서}
리 565번지에서 태어났다. 권환은 권오봉과 김혜경의 3남 1녀 중 장남
이었고, 본명은 권경완權景完이다. 부친 권오봉은 서울의 사립 흥화학
교를 졸업한 독립운동가였다. 삼진의거의 주동자였고 독립운동가 백
산 안희제의 백산상회에 투자하여 독립운동을 도왔으며 오서리에 경
행학교를 설립하여 민족 교육에 힘을 쏟았다. 권환은 경행학교에서
한학을 수학하였다. 독립운동과 민족 교육에 헌신하는 아버지, 집안
의 분위기 그리고 일본 유학이 파토스의 시인 권환을 키웠다면 고향
오서리는 리리시즘의 시인 권환을 키운 토양이었다.
　1919년 권환은 고향을 떠나 서울의 휘문고보^{현 휘문고등학교}에 입학하
였다. 1922년 휘문고보를 졸업하고 일본의 관립 구제 야마가타 고등

학교에 입학하여 1925년 졸업하였다.[1]

1929년 3월에 권환 시인은 교토제국대학교 독문과를 졸업하였고 5월에 카프 KAPF, 조선프롤레타리아 예술가동맹 에 정식으로 가입하였다. 카프 가입 이전에 이미 권환은 1926년 12월 『신민』 20호에 본명인 권경완權景完으로 발표한 희곡 『광표狂표』을 발표하였다. 이것이 그의 최초의 작품이었다. 1927년에 재일본 유학생 잡지 『학조』 2월호에 단편 소설 「앓고 있는 영靈」을, 『신민』 2월호에 희곡 「인쇄한 러브레타」를 발표하였다.

1929년 권환은 귀국하여 경성에서 조선여자의학전문학교현, 고려대학교 의과대학에서 독일어 강사를 거쳐 중외일보 기자가 되었다. 1930년 1월 중외일보에 평론 「무산예술운동의 별고와 장래의 전개책 1」1월 10일을 게재하였고 이후 시, 평론 등 활발한 창작활동을 전개하였다. 권환은 프로문학의 대중화를 비판하여 카프의 제2차 방향 전환을 안막, 김남천, 임화와 함께 주도하였다.

1931년 권환은 카프 제1차 검거에 구속되었으나 불기소 판결을 받았다. 1934년 「신건설」 공연을 계기로 카프 제2차 검거가 일어났고 권환 역시 「신건설 사건」 중심인물로 구속되었다. 2년의 옥고를 치루고 1935년 12월 집행유예로 풀려나왔다. 석방 후 김해 하자마 농장에서 사감으로 근무를 하였다. 권환은 1938년 8월 조선일보에 서평 「박세영 시집 『산제비』를 읽고」를 발표하면서 다시 문학활동을 시작하였고, 1939년 1월에 서울로 상경하여 조선일보사를 거쳐 1940년 8월부터

---

[1] 일본의 관립구제(官立舊制) 고등학교는 메이지 시대(1868-1912)에서 쇼와 시대(1926~1989) 전기에 존속하였던 고등교육기관이었다. 1950년 미군정기에 폐지되었다. 졸업생은 제국대학 진학이 보장되었기에 구제 고등학교는 당시 일본의 엘리트 계층의 요람이었다.

경성제대 부속도서관 사서로 근무하였다. 1941년부터 1944년까지 두 권의 시집 『자화상』1943년, 『윤리』1944년를 발간하였다.

　1945년 해방을 맞이한 권환은 카프 문인들이 결성한 조선프롤레타리아 문학동맹에 참여하였다. 1946년 2월 8일과 9일에 열린 전국문학자대회의 준비위원으로 활동하여 대회의 개회선언 및 「농민문학의 방향」이라는 보고 연설을 하였다. 이후 남북간 좌우 대립이 극심해지고 사회주의 문인들이 속속 월북을 택하는 가운데 1948년 8월 남한 단독정부 수립 전후에 마산으로 이주하였다. 그는 결핵병원이 있던 마산 완월동에서 지병인 결핵의 치료와 요양에 힘을 쏟은 것으로 밝혀졌다. 마산 문인들의 도움으로 1952년에서 1953년까지 권환은 마산공립중학교현, 마산고등학교에서 독일어 강사로 어렵게 생계를 이어가면서 지병과 싸웠으나 1954년 7월 30일 마산시 완월동 101-14번지에서 타계하였다.

　요약하면, 시인 권환의 삶은 카프 해산 전과 후 그리고 해방 이후로 나누어진다. 이를 다른 말로 정의해보면 사상과 이념에 기반한 파토스정념, 열정, Pathos에서 삶에 천착하는 리리시즘서정, Lyricism으로, 해방 후 다시 파토스로 나아갔다고 할 수 있다. 파토스 시대의 작품은 유학 시절 발표하였던 희곡과 단편 소설 그리고 『카프시인집』에 실렸던 시와 초기 평론들이며, 시집 『자화상』과 『윤리』는 리리시즘 시대의 창작이다.

『카프 시인집』과 노동자의 노래

일제강점기의 이민족 지배를 받는 식민지 지식인이자 사회주의자로서 권환은 계급해방과 민족해방이라는 과제에 이중으로 구속된 상황이었다. 이러한 이중구속의 무거운 짐에 대한 의식은 외부적으로는 일제와 자본가들에 대한 투쟁과 내부적으로 자기 존재에 대한 강렬한 반성적 자의식을 형성하였다.

1931년 『카프시인집』에 실렸던 초기의 시 「정지한 기계」, 「우리를 가난한 집 여자이라고」, 「소년공의 노래」 등은 식민지 조선의 가혹한 노동 현장, 노동자의 비참한 삶과 투쟁의 목소리를 그려낸다. 수탈당하는 노동자가 투쟁을 통하여 자본과 일제의 압제를 타도하고 새로운 세상을 건설해야 한다는 사회주의적 이상은 강렬한 파토스로 표출된다.

「정지한 기계」, 「우리를 가난한 집 여자이라고」, 「소년공의 노래」는 수탈하는 자와 수탈당하는 자를 대비하는 공통적인 구조를 지닌다. 이 대비는 첫째로 육체 이미지로 표현되며 둘째로 일상생활 이미지로 표현된다.

    우리 손이 팔짱을 끼니
    돌아가던 수천 기계도 명령대로 일제히 쉰다
    (……)

    왜 너희들은 못돌리나?

낡은 명주같이 풀죽은

백랍(白蠟)같이 하얀

고기 기름이 떨어지는 그 손으로는

돌리지 못하겠니?

(「정지한 기계」부분)2)

민초처럼 누른 마른 명태처럼 빼빼 야윈

가난한 집 여자라고

(……)

낮이면 양산 들고 연인과 식물원 꽃밭에

밤이면 비단 커튼 밑에서 피아노 타는

놈집 딸자식 하루라도 시켜 봐라

(「우리를 가난한 집 여자이라고」부분: 36-39)

뼈와 힘줄이 아직도

봄바람에 자라난 풀대처럼

연하고 부드러운 나이 어린 소년

부잣집 자식 같으면

---

2) 김창술 외 지음, 『카프 시인집』, 이남호 편, 열린책들, 29쪽. 본문에서 인용한 「정지한 기계」, 「우리를 가난한 집 여자이라고」, 「소년공의 노래」의 출처는 『카프 시인집』이며 이하 쪽수만 명기하기로 하겠다.

따뜻한 햇빛이 덮여 있는 풀밭 위에서

단 과자 씹어가며 뛰고 놀 나이 어린 소년

(……)

햇볕 없고 검은 먼지 찬 제철공장 안

무겁고 큰 기계 앞에서

짠 땀을 흘리는 소년공이다

(「소년공의 노래」 부분: 43-44)

  수천의 기계를 돌리고 멈추게 하는 노동자의 손과 "낡은 명주같이 풀죽은 백랍같이 하얀 고기 기름이 떨어지는" 부르주아지의 손, 즉 노동하는 손과 노동하지 않는 손이 대비된다. 따뜻한 햇빛이 비치는 풀밭에서 과자 먹으며 뛰어노는 소년과 햇볕도 들지 않는 검은 먼지 가득한 공장에서 무거운 큰 기계를 돌리느라 짠 땀을 흘리는 소년이 대비된다. 누렇게 마른 명태같이 빼빼한 노동자 계급의 여성과 공원에서 연인과 산책하고 피아노 치는 부르주아지의 여성이 대비된다.

  둘째로 위 3편의 시에서 노동자와 부르주아지의 일상생활을 대비하는 예를 하나씩만 들어보자.

너희들에게는 여송연 한 개 값도

우리한테는 하루 먹을 쌀값도 안 되는 그 돈 때문에

(「정지한 기계」 부분: 29-30)

안남미밥 보리밥에
썩은 나물 반찬
돼지죽보다 더 험한 기숙사밥
하얀 쌀밥에 고기도 씹어 내버리는
놈의 집 여편네 한번 먹여 봐라
(「우리를 가난한 집 여자라고」 부분: 38)

부잣집 자식 같으면
공기 좋은 솔숲 속 높은 집안에서
글 배우고 노래 부를 나이 어린 소년이다

(……)

이른 아침부터 늦은 저녁까지
기계를 돌리고 망치를 두드려도
(……)
아무 것도 얻어간 것 없는 소년공이다
(「소년공의 노래」 부분: 43-44)

 노동자와 부르주아지의 삶의 대비는 매우 적나라하다. 한쪽은 비참의 극치이며 다른 한쪽은 풍요의 극치이다. 양극단의 거리는 부르주아지의 경제적 정당성과 반비례한다. 동시에 이 거리가 멀면 멀수록 노동자들의 정치적 투쟁의 도덕성은 더욱 높아진다.

권환은 남성노동자, 여성노동자, 소년공을 차례로 시의 화자로 등장시켜 1920년대 식민지 조선에서 자본주의가 벌인 냉혹하고 비인간적인 노동 착취를 폭로한다. 당시 노동자들은 극단적인 저임금 노동에 겨우 입에 풀칠할 정도였다. 미성년 노동도 광범위하게 퍼져 있었다. 게다가 열악한 노동 환경은 노동자들의 빈번한 현장 참사의 원인이 되었다.

이러한 노동 현장을 권환은 아무런 수식도 분노도 없이 "가죽 조대에 감겨 뼈까지 가루된 형제를 보고도 / 아무 말없이 눈물 찬 눈만 서로 깜빡이며 그냥 돌리는 기계"[30]로 서술한다. 동료 노동자가 기계에 말려들어가 뼈가 으스러져 가루가 되어도 그냥 눈물, 눈물만 흘리며 아무런 행위도 할 수 없는 노동자들. 이러한 광경은 두 눈을 뜨고 볼 수 없는 생지옥이나 다를 바 없다. 아래 보도된 당시의 기사를 보면 권환의 시가 실제 사고를 정서적 개입 없이 매우 객관적으로 재현하고 있음을 알 수 있다.

> 하루에 불과 이십 전 밖에 못 되는 돈을 얻고자 아침부터 저녁까지 허덕거리며 애를 쓰다가 무참히도 기계에 말리어 죽은 소녀직공이 있으니… 돌아가는 기계 바퀴에 옷자락이 끌려 들어가 해 걸잡을 새 없이 몸까지 끌리어가서 오후 네 시 십 분경에 무참히 죽었는데… 그 동무 황순이는 겁결에 밖으로 뛰어나가 남자 직공에게 곧 말하자 그제야 기계를 쉬이고 보니 뼈가 하나도 없이 다 부서지고…(「돌아가는 기계에 소녀공 참사」, 『조선일보』1929. 12. 24)

지난 십구일 오후 두 시경에… 재등정미소에서는 이승준(18)
이라는 소년은… 회전하고 있있는 현미 기계의 "칸다 / 샤후트"
라는 피대에 감기어 들어가 소리도 지르지 못하고 머리와 다리
에 중상을 당한 채로… 약 한 시간 후에 참혹하게 절명되고 말
았다는데 그는 가세가 적빈하여 열여덟 살의 어린 몸이 매일을
하루같이 힘에 넘치는 과도한 노동을 하여여 몇 푼의 얻는 임
금을 가지고 간신히 늙은 부모를 공양하여 살아가는 터인데…
(「정미소 기계에 감겨 소년이 참사」, 『동아일보』 1929. 10. 22)[3]

위 기사에서 보듯 당시 미성년 노동자들이 처한 열악한 노동 현장과 저임금은 매우 심각한 사회문제였다. 1929년 대공황이 초래한 경제불황의 여파로 노동자들은 임금 삭감과 해고위협에 시달리며 극도로 불안한 상황으로 내몰리고 있었다. 이러한 위기에 대응하는 노동자들의 파업 투쟁이 1920년대 후반부터 1930년대 초반에 증폭되고 있었다.[4] 권환의 위 시들이 노동자들의 투쟁에 대한 굳건한 결기로 마무리되고 있는 것은 단순한 선전 선동이 아니라 엄연한 현실임을 알 수 있다.

인용된 시 세 편의 시학적 특색을 구체적으로 살펴보자.

기계가 쉰다

---

[3] 국립중앙도서관 대한민국 신문 아카이브(https://nl.go.kr/newspaper/index.do)에서 1929년 한 해 동안 보도된 노동 현장의 참사 기사는 대략 보아도 20여 건이 넘는다.
[4] 이병례, 「1930년대 초반 식민지 조선의 경제공황과 일상의 균열」, 『역사연구』 31호, 2016.

괴물같은 기계가 숨죽은 것같이 쉰다
우리 손이 팔짱을 끼니
돌아가던 수천 기계도 명령대로 일제히 쉰다
위대도 하다 우리의 단결력!

왜 너희들은 못 돌리나?
낡은 명주같이 풀죽은
벡랍같이 하얀
고깃기름이 떨어지는 그 손으로는
돌리지 못하겠니?

너희들에게는 여송연 한 개 값도
우리한테는 하루 먹을 쌀값도 안 되는 그 돈 때문에
동녘 하늘이 아직 어두운 찬 새벽부터
언 저녁별이 반짝일 때까지 돌리는 기계

빈 배를 안고 부르짖는 어린 아들딸을
떨쳐 놓고 와서 돌리던 기계

기만 척 비단이 바닷물같이 여기서 나오지만
추운 겨울 병든 아내 울을 떨게 하는 기계
가죽 조대에 감겨 뼈까지 가루 된 형제를 보고도
아무 말 없이 눈물 찬 눈만 서로 깜빡이며 그냥 돌리던 기계

왜 너희들은 못 돌리나?

낡은 명주같이 풀죽은

백랍같이 하얀

고깃기름이 떨어지는 그 손으로는

돌리지 못하겠니?

너희들이 호위 ××이 긴 칼을 머리 위에서 휘두른다고

겁내서 그만둘진대야

너희들의 〈사랑 첩〉 개량주의가 타협의 단 사탕을 입에 넣어 준다고

꼬여서 그만 말진대야

우리는 애초에 파업 투쟁 시작 안 했을 게다

못난 〈스캄푸〉가 쥐새끼처럼 빠져나간다고

방해돼서 못할진대야

너희들의 갖은 탄압에 떨려서

중도에 포기할진대야

우리는 애초에 파업 투쟁 시작 안 했을 게다

나폴레옹의 ×××도 무서운 〈××〉의 ××가 우리에게 없었더라면

우리는 애초에 금번 ×을 시작도 안 했을 게다

기계가 쉰다

우리 손이 팔짱을 끼니
돌아가던 수천 기계도 명령대로 일제히 쉰다
위대도 하다 우리의 단결력!

왜 너희들은 못 돌리나?
낡은 명주같이 풀죽은
백랍같이 하얀
고깃기름이 떨어지는 그 손으로는
돌리지 못하겠니?
(「정지한 기계 - 어느 공장 노동자 형제들이 부르는 노래 -」전문: 28-33)

「정지한 기계」의 주요한 시적 장치는 반복이다. 또한 반복은 「우리를 가난한 집 여자라고」, 「소년공의 노래」뿐만 아니라, 『카프 시인집』에 실린 권환의 시들에 공통되는 시적 장치이다. 여기서는 「정지한 기계」를 통하여 반복이 어떤 미학적 특성과 효과를 지니는지 구체적으로 분석해보기로 하겠다.

반복은 첫째로 각운으로 배치된 시어들 - "쉰다", "기계", "~진대야", "~게다" -의 반복이다. 둘째로는 연의 반복이다. 1연은 9연으로 반복되며 2연은 5연, 10연으로 두 번 반복된다. 셋째로 개별 연의 행 구성에서 나타나는 통사적 반복이다. 2연의 경우 첫 행의 의문문이 마지막 4행의 의문문으로 반복된다. 또한 5행으로 이루어진 7연의 구성은 8연에서도 6행 7행을 첨가하여 반복되면서 점층하는 효과를 자아낸다.

기계는 자본주의 생산을 비유한다. 기계는 때로는 노동자들을 죽음으로 몰아가기도 하고 가족을 불안하게도 하고 "병든 아내 울울 떨게 하는 기계" 동시에 가난한 생계를 유지하기 위한 수단이다. 이 기계의 이미지는 비인간적이다. 마치 노동자를 수탈하는 자본의 이미지로 여겨진다. 그러나 이 기계를 힘차게 돌리는 노동자, 동시에 일제히 기계를 멈추는 노동자의 단결력은 자본주의 생산의 주인이 노동자임을 암시한다. 반복되는 기계의 이미지는 상승하는 노동자의 생산력의 강도를 구현한다. 노동자들이 단결을 통하여 기계를 멈추는 순간, 파업 투쟁으로 정지한 기계는 노동자들의 생산력 그 자체가 된다.

권환의 초기 시의 주요한 시적 장치인 반복은 현실을 적확하게 재현하는 노동자의 언어, 대비되는 육체적 이미지와 어우러져 파토스를 점층적으로 고양시킨다. 파토스를 고양시키는 언어, 이미지, 반복의 기법으로 권환은 주장과 관념이 앞서기 쉬운 선전·선동시의 한계를 극복하고 현실을 생생하게 그려내는 리얼리즘 미학을 구현하였다.

권환의 파토스는 노동자들의 삶을 억압하는 일제와 일제에 부역하는 자본가에 대한 강렬한 저항과 노동하는 자가 모든 수탈로부터 해방되어야 한다는 윤리적 정당성의 발로이다. 어떤 시대이든 모순과 부조리는 늘 존재할 수밖에 없으며, 문학이 그것을 해결할 수 없다고 치부하고 외면하면 사회와 공동체는 더욱 삭막한 나락으로 추락할 것이다. 뛰어난 서정과 미를 보여주는 시들이 있어야 하는 것과 마찬가지로 부조리한 현실을 고발하고 비판하며 고통받는 자들에게 애정과 연대를 보여주는 시들도 있어야 한다. 권환의 초기 시가 추구한 노동의 가치는 평등하고 정의로운 민주주의 사회의 근본이자 오늘날에도 문학이 추구해야 할 주요한 비전임은 분명하다.

_____ 자기 성찰과 치유의 리리시즘

시집 『자화상』의 시들은 끊임없는 반성을 통한 자아 형성의 반복적 과정을 보여준다. 반성적 자의식은 헤겔에 의하면 신분제의 구속에서 해빙된 근대인의 존재론적 원리이다. 이 원리는 오늘날 우리에게도 동일하게 적용된다. 따라서 권환의 시는 역사적 의의는 물론 오늘날에도 강렬한 울림을 지닌다. 반성적 자의식을 통한 자아 성찰의 시는 1931년 카프 해산과 체포 구금 그리고 1934년 제2차 카프 검거 사건으로 2년간의 옥고를 치루고 나온 이후 시기에 발표되었다. 일제의 탄압으로 창작의 자유가 억압된 시기에 권환은 웅크리듯 자아 성찰로 빠져들었다. 1943년 발간된 시집 『자화상』과 이듬해에 발간된 시집 『윤리』는 최후의 발악으로 날뛰는 일제에 대한 시인의 소극적인 저항이었다.

자기 성찰의 고통과 미래에 대한 희망은 시 「명일」에서 직정적으로 토로된다. 9개의 연으로 이루어진 이 시는 1연에서 7연까지 "명일이 만일 없다면"으로 시작된다.

명일이 만일 없다면
나는 이 쓴 웅담을 당과처럼 달게 꺽꺽 씹고 있지 않을 게다.

> 명일이 만일 없다면
> 나는 눈 덮인 이 얼음 길을 부드러운 융전 위처럼
> 발가벗은 맨발로 터벅터벅 걷지 않을 게다.
> (「명일(明日)」부분) 5)

 오늘의 고통은 쓴 웅담을 씹는 것과 눈 덮인 얼음 길을 맨발로 걷는 것으로 비유된다. 명일이 있기에 오늘의 고통을 견딜 수 있다고 시인은 천명한다. 나아가 "두 폐조각을 그냥 그대로 물끄러미 보고만" 있지 않고 "산소를, 칼슘을, 비타민을" 주며 병을 치유하려고 애쓰는 이유도 명일이 있기 때문이다. 명일이 있기 때문에 "인형같은" 여자와 "알콜병을 빼고 춤을 추며 노래"하는 환락에 빠지지 않을 수 있다. 명일이 있기 때문에 "한껏 웃고 한껏 울" 수 있다.
 내일이 있다는 희망은 반복되는 "명일이 만일 없다면"이라는 부정적 가정을 통하여 의미가 점층적으로 고조된다. 동시에 이 반복은 과거에서 현재로 그리고 미래로 끊임없이 영속되는 시간 이미지를 지닌다. 따라서 내일은 절대적으로 부정될 수 없다.
 시간 이미지는 권환의 리리시즘의 중핵을 이룬다. 좌절된 카프 운동과 폐병으로 인한 육체적 쇠약으로 권환이 선택할 수 있는 삶은 매우 제한적이었을 것이다. 「명일」에서 보듯이 그는 그저 시간에 희망을 걸 수밖에 없는 상황으로 내몰렸다.

---

5) 권환, 『아름다운 평등 - 권환 전집』, 황선열 편, 도서출판 전망, 2002: 33쪽. 이하 이 전집에서 인용은 쪽수만 표기하겠다.

은쟁반같은 둥근 달이
새까만 구름을 헤치고 나왔다
하얀 비단 보자기가 온 세계를 골고루 덮었다
곳곳마다 아름다운 은가루를 뿌려 주었다

잔잔하게 흘러가는 한강의 물결 위에도
말없이 우뚝 솟은 북악산(北岳山) 바위 위에도
맑은 피아노 곡조가 흘러나오는 양관(洋館) 집 붉은 지붕 위에도
푸른 커―튼을 헤치고 밤늦게 연인 기다리는 처녀의 가슴에도
뾰죽하게 솟은 천주교당 집에도 고요한 묘지 위에도
소조(蕭條)한 화원 위에도 옛 성터에도

달이여! 나는 너를 사랑한다 참으로 사랑한다
그것은 네가 처녀같이 어여쁜 때문도 아니다
은쟁반이 탐스러운 때문도 아니다
너를 보며 울고 노래하는 철없고 행복스러운 시인도 아니다

나는 애인도 없다 추억도 탐미도 모른다
다만 너의 맑고 흰 빛이
아무런 교만(驕慢)도 없이 아유(阿諛)도 없이
또 아무런 에고이스틱한 인색(吝嗇)도 없이
온 세계를 골고루 골고루 덮어 주는 때문이다.

(「달」 전문: 35)

해와 더불어 달은 원시로부터 인간의 시간 지각의 매개이자 원천이었다. 특히 달은 모양과 함께 변하는 명암의 변이로 인하여 인간의 시간 지각을 명료하게 만든다. 예로부터 달은 죽음과 재생을 거듭하는 생명의 영속성을 상징하였다.

시 「달」에서 달은 지상의 온 세계를 비춘다. 달빛은 은가루로 비유되며 모든 사물을 차별하지 않고 비춘다. 죽음이 깃든 묘지 위에도 비춘다. 시적 주체는 자신을 "너를 보며 울고 노래하는 철없고 행복스러운 시인"이 아니라고 한다. 또한 달이 "처녀같이 어여뻐서", "은쟁반 같이 탐스러"워서 사랑하는 것이 아니라고 한다. 온 세계를 차별하지 않고 골고루 덮어 주기 때문에 시적 주체는 달을 사랑한다고 고백한다.

모두를 골고루 비추는 달은 "새까만 구름을 헤치고 나"온 달이다. 새까만 구름은 달빛을 가리는 장애물이다. 그렇지만 구름은 달처럼 영속적이지 않고 늘 일시적이다. 구름은 언젠가는 걷히고 갠다. 「달」에서 시적 주체는 시인 권환의 분신이다. 「명일」에서 보았듯이 내일 즉 시간은 오늘의 고통을 견디게 해준다. 권환은 자신의 고통을 견디게 해 주는 시간을 온 세계를 골고루 비추는 달로 이미지화한다. 「달」에는 『카프 시인집』에 수록된 시에서 보여준 부르주아지에 대한 증오나 공격은 뒤로 물러나 있다. "양관집 붉은 지붕 위"도 비추는 달이다. 「달」의 시적 주체는 세계와 대립하는 자아가 아니다. 그렇다고 해서 달을 보며 "울고 노래하는" 낭만적 자아도 아니다. 온 세계를 골고루 덮어주는 달은 시적 주체의 염원 즉 시인 권환의 염원이다. 차별 없는 달빛의 시간 이미지는 평등한 세상으로 나아가는 역사의 비전을 상징한다.

달과 함께 시간의 영속성을 비유하는 시간 이미지는 물결, 강물로도 표현된다. 이에 반해 구름은 일시적인 것으로 영원한 것을 가리거나 방해하는 것을 비유한다. 시 「산과 구름」전집 39-40에서 구름은 "바람에 따라가고 바람에 따라오는 / 양키 같은" 경박이며 "양키 같은 그 부화浮華"로 "앵글로색슨 같은 이기주의자 / 천상의 기회주의자! / 날아다니는 모더니스트!"를 비유한다. 이에 반해 물의 흐름은 영속하는 시간 이미지를 지닌다. 그 예를 시 「청당」전집 41에서 볼 수 있다. "푸른 별들은 물결을 따라 / 오르락 내리락"하는데 푸른 별들을 "맑은 못"청당으로 비유된 하늘로 운반하는 물결은 시간의 영속성을 비유한다. 이에 반해 "하 — 얀 고기들은 별을 따라 / 오르락 내리락 // 그들은 어여쁜 별을 한 입에 삼키려고"에서 하얀 고기는 별들을 가리는 구름의 은유이다. 이 경우 흰색은 부정적 이미지를 강화하는 반어적 수식어이다. 서정 시대의 권환 시에서 별은 시적 주체가 동경하는 긍정적인 존재를 비유한다. 시 「화경」전집 38에서 번개의 은유이자 일제의 압제를 의미하는 "흰 칼날"은 별들을 놀래키고 "무한한 대공"에서 "유구한 춤을 추는" 별들의 자유를 깨뜨리며 "별들은 낭만주의를 포기 안 할 수 없"게 만든다. 별들은 시적 주체에게 시인을 비유한다. 이러한 별의 이미지는 「별의 심장」전집 51, 「병상단상」전집 59, 「윤리」전집 94, 「시계」2 전집 108 [6] 등에서도 표출된다.

「청당」과 마찬가지로 시 「동경」전집 43에서 시인 이미지를 표현하는 별과 시간 이미지인 물의 흐름이 만난다. 첫째 연에서 시적 주체가 직면하는 상황은 "바다같은 검은 장막 / 흰 안개 속에 나부낀다"로 묘사

---

[6] 산문시 「시계」(전집 72-74)와 구분하기 위해 「시계(2)」로 표기한다.

된다. 권환이 처한 시대적 상황이 형상화되어 있다. 여기서도 흰색이 부정적인 의미로 사용되고 있음을 알 수 있다. "눈부신 태양은 보기 싫고 / 푸르고 작은 별"을 그리워하는 시적 주체가 보고 듣는 것은 강물이며 강물을 따라 흘러가는 물새이다. "그러나 나는 보노라 듣노라 / 발 밑에 영원히 흐르는 강물을 // 물새가 한 마리 두 마리 / 따라 흘러간다 / 영원히! 영원히!" 시적 주체는 별을 그리워하며 "저편서 들리는 피리소리"가 "대공이 찢어지도록" "힘차게 불어라"고, 흰 안개를 흩어버리라는 염원을 소리높여 외친다. 이 피리 소리 역시 미래에서 들려오는 것으로 해석할 수 있다. 미래에 대한 시적 주체의 신념이 형상화된 것이다. 그러면서 검은 장막 속에서 피리 소리를 들으면서 시적 주체가 보고 듣는 것은 발밑을 "영원히 흐르는 강물"이다. 서정시대 권환의 시에서 시간 이미지는, 역사는 인간이 자유롭고 평등한 세상으로 나아간다는 사회주의자 권환의 신념을 형상화한 것이다.

그러나 시간에 대한 권환의 신념이 흔들림 없이 굳건한 것은 아니었다. 일제의 가혹한 탄압이 언제 끝날지도 모르는 현실로 인하여 시간에 대한 그의 신념은 흔들렸다. 시집 『자화상』에 수록된 산문시 「시계」는 흔들리는 시적 주체의 자아가 겪는 분열이 미몽을 통하여 서술된다. 「시계」는 제목이 이미 시간 이미지를 가지고 있다. 「시계」의 시적 주체인 화자 나는 좌종 시계의 째깍거리는 소리에 도취되어 의식이 몽롱해지며 미몽에 빠져든다. 그는 어느 차를 타고 달리고 있었고 운전대는 "무색 투명한 사나이"가 잡고 있다. 그가 내민 진황색의 명함에는 "시간"이라 쓰여 있다. 그는 어두워지는 저녁 무렵 "작은 산촌 앞 느티나무 밑"에 차를 세우고 뒤돌아보며 "당신은 혹 과거를 본 일이 있나요?"라고 "나"에게 묻는다. "나"는 "세계의 과거는 역사"이며 "개인의 과거는 전기"라며 또 자신의 과거는 "자서전이나 단편적인 일기로 혹은 흰 안개 같은 회상으로" 보았다고 대답한다. 그런데 그는 그러한 기록이나 기억은 시간과 공간을 초월하여 살아 있는 것이 아니라며 "완전한 시간과 공간으로 구성될 산 과거"를 보았냐고 물었다고 한다. 그러자 느티나무 뒤의 등불이 켜진 초가집에서 학모를 쓴 소년이 창문을 뛰쳐나오고 머리가 세기 시작한 부인이 소년을 붙잡으며 어미의 말을 들으라고 애원한다. 어미의 애원을 뿌리치며 사립문을 박차고 나오는 소년을 본 "나"는 "의분을 참다못해" 차에서 내려 소년을 막아서서 멱살을 잡으니 소년 역시 "나"의 멱살을 잡았다. 그러자 "나"는 눈을 부릅뜨고 항의하며 노려보는 소년이 바로 자기 자신임을 깨닫고 미몽에서 빠져나오며 여전히 시계가 째각거리는 것으로 「시계」는 끝을 맺는다.

시계의 째각거리는 소리를 들으며 빠져든 미몽 속에서 시적 주체는 '시간'이라는 무색투명한 사나이를 만나고 다시 학모를 쓴 소년 즉 자신의 분신을 만난다. 차가 멈춘 산촌의 느티나무와 그 뒤의 초가집은 시인 권환의 오서리 생가를 암시하고 있다. 캄캄한 밤에 집을 나서려는 소년과 그를 말리는 어머니는 실제로 진학을 위해 서울로 야반도주한 권환과 그를 만류하였던 어머니의 모습이 투영된 것이다.[7]

이와 함께 무색투명한 사나이는 "시간"이라는 명함을 건넸으니 말 그대로 시간이다. 이 시간이 "완전한 시간과 공간으로 구성될 산 과

---

[7] 박정선, 「권환의 초기문학과 진전(鎭田)의 문화 환경」, 어문논총 제77호, 한국문학언어학회, 2018: 156-157쪽.

거"를 본 적이 있냐고 묻고 있다. 그런데 여기서 과거를 수식하는 동사는 "구성될"이라는 미래형이다. 따라서 "구성될 산 과거"는 지나온 기록이나 기억이 아니라 현재의 시간과 공간이 만들어 가야 하는 미래이다. 즉 미몽에 나타난 '시간'은 시적 주체에게 지금 만들어 가는, 나중에 과거가 될 미래가 살아 있는 것이냐? 라고 묻고 있다. 오게 될 시간을 믿고 기다리지만 바로 그 시간이 직접 나타나서, 오게 될 시간은 지금 만들어 가는 것이라 말하고 있다. 무색투명한 사나이의 모습으로 출현하여 나에게 질문을 던지는 시간의 행위는 현재 아무리 압제가 혹독해도 무엇인가 도모해야 하지 않을까 하는 권환의 무의식적 갈등이 만들어낸 것이다. 즉「시계」의 미몽은 일제의 압제와 지병으로 무력감에 빠져 언젠가는 오게 될 해방^{내일}을 기다리는 권환이 겪고 있는 혼돈과 좌절이 만들어낸 미몽이다.

　카프 해산 이후 권환은「시계」에서 보았듯이 극심한 자아 분열을 겪고 있었다. 시「자화상」은 그러한 분열을 그려낸다.

　　A
　거울을 무서워하는 나는
　아침마다 하 — 얀 벽바닥에
　얼굴을 대보았다

　그러나 얼굴은 영영 안보였다
　하 — 얀 벽에는
　하 — 얀 벽뿐이었다

하 — 얀 벽뿐이었다

B
어떤 꿈많은 시인은
제2의 나가 따라 다녔더란다
단 둘이 얼마나 심심하였으랴

나는 그러나 제3의 나……제9의 나……제○○의 나까지
언제나 깊은 밤이면
둘러싸고 들볶는다
(「자화상」 전문: 48)

여기서 시적 주체는 시인 자신이다. 권환은 거울 보기가 두려워 하얀 벽을 바라보지만 여전히 하얀 벽뿐이었다. 거울은 주체가 시선과 응시의 일치를 통하여 자기 정체성에 대한 신뢰를 확인하는 공간이다. 거울 보기를 두려워하는 권환은 ○○의 나가 매일 밤 나타나는 심각한 자아 분열을 겪고 있다. 극도의 자기 정체성의 위기는 카프 시대의 자아에 대한 회의이자 회피를 뜻한다. 시인이 가졌던 이데올로기의 파토스는 외부의 강제로 인하여 분출할 길을 찾지 못하였고 오히려 자아를 공격하고 있음을 알 수 있다.

자기 정체성의 위기를 극복하기 위하여 권환이 선택한 길은 자신의 근원으로 돌아가는 것이었다. 권환이 태어나고 자란 고향 오서리의 시공간을 회상하면서 자신을 되돌아보는 성찰의 시기가 바로 리리시즘^{서정}의 시대이다. 권환의 리리시즘 시공간의 중심은 고향 오서리이다. 나아가 아버지와 어머니는 권환이 외부의 폭력으로 분열된 자아를 치유하고 자기 정체성을 회복하기 위한 근원이었다.

> 내 고향의
> 우거진 느티나무 숲
> 가이없는 목화밭에서
> 푸른 물결이 출렁거렸습니다
>
> 어여쁜 별들이 물결 밑에
> 진주같이 반짝였습니다
>
> 검은 황혼을 안고 돌아가는 흰 돛대
> 당사(唐絲)같은 옛 곡조가 흘러나왔습니다
>
> 그곳은 틀림없는 내 고향이었습니다
> (「고향」 부분: 전집 84)

서정적으로 그려지는 고향의 풍경이다. 목화밭이 빚어내는 푸른 물결과 그 물결 밑에서 진주처럼 반짝이는 별의 이미지는 앞에서 살펴본 대로 시간의 영속성과 시인을 함의한다. 흰 돛대가 무엇을 비유하는지 특정하기 어렵지만 배의 제유이다. 또한 돌아가는 배는 귀향의 의미를 담고 있다. 어두워진 황혼 속으로 돌아가는 배와 흘러나오는 옛 노래는 매우 서정적인 풍경을 그려낸다. 고향을 노래하는 이 시의 이미지들이 담고 있는 유려한 시간, 시인, 귀향, 시의 함의는 시인 권환의 시적 근원이 고향임을 드러낸다.

아버지 존재에 대해 권환의 생각을 다음 시에서 엿볼 수 있다.

>산골 벼가 금같이 누르니
>저녁놀이 자주같이 붉으니
>아버지 살결이 유달리 희다
>
>머리 딴 총각 때부터 부친다는
>서마지기 논 둔덕 위에서
>혼자 잡초 연기를 피우면서
>아버지는 무엇을 생각는지?
>(「가을」 전문: 전집 119)
>
>얼큰히 기분좋게
>아버지는 오래간만에 취하였다
>
>배나무 밑 분네집서
>추탕하고 한껏 자신 것이다
>
>(……)
>
>팔년동안 면 급사로 있던 내 아우가

오늘 서기로 승급한 것이다

(「행복」 부분: 전집 123)

　잘 익은 논의 벼는 금빛으로 누렇고 저녁놀은 자주빛으로 붉은 가운데 살결이 유달리 흰 아버지의 모습이 전경화된다. "머리 딴 총각 때부터 부친다는 / 서마지기 논 둔덕"으로 보아 이 아버지는 젊은 시절부터 농부라 하겠다. 유달리 흰 아버지의 살결은 시적 주체에게는 새로운 아버지의 모습이라 하겠다. 새로운 아버지의 모습으로 인하여 시적 주체는 홀로 "연기를 피우는" 아버지의 마음을 헤아리고자 한다. 그렇다면 「가을」은 시적 주체가 그동안 의식하지 않았던 아버지의 모습을 새롭게 발견하는 순간이다.

　「행복」에서는 아들의 승진에 기쁜 마음으로 추어탕과 약주를 취하도록 마신 행복한 아버지의 모습이 그려진다. 이 아버지의 모습은 여느 평범한 아버지와 다를 바 없다.

　권환의 아버지 권오봉은 경행학교를 세워 민족 교육에 힘을 쏟았고 독립운동에도 관여한 지사였다. 여러 연구에 의하면 아버지의 존재는 권환에게 자아-이상과 같았다.[8] 위 두 시에서 그려지는 아버지의 이미지는 지주였고 당대에 보기 드문 지식인이었던 아버지의 모습으로 쉽게 연상되지 않는다. 그러나 중요한 것은 시적 주체의 시선이 보여주는 아버지에 대한 애틋함과 따뜻함이다. 이는 곧 권환과 아버지의

---

[8] 대표적 연구로 이홍숙의 「시인 권환의 공백기에 대한 고찰 - 감옥살이부터 박간농장 (迫間農場) 생활을 중심으로 -」(『항도부산』 43호, 2022), 전희선의 「권환의 행보와 아버지 존재와의 관계 연구」(『한중인문학연구』 Vol. 44, 한중인문학회, 2014), 한정호의 「권환의 문학행보와 마산살이」(『지역문학연구』 11집, 경남부산지역문학회, 2005) 등이 있다.

관계가 애정이 깃든 원만한 관계였음을 말해준다. 이러한 아버지의 존재는 권환이 자기 정체성의 위기를 회복하는 데 커다란 도움이 되었을 것이다.

어머니의 모습이 그려지는 시 「어머니」와 두 편의 「어머니의 꿈」에서도 시적 주체와 어머니의 관계는 아버지와의 관계와 크게 다르지 않다. 1940년 1월 『조선문학』에 발표한 「어머니의 꿈」^{전집 166-167}에서 어머니는 머리칼은 "흰 눈같이 하야졌"고 두 볼은 "마른 귤껍질처럼 쭈그러"진 늙은 모습이다. "사식의 거룩한 행복"을 바랬던 어머니지만 지금은 그것도 단념해버리고 "빈민촌 한 구석 오막살이집에서 / 때묻은 행주치마를 걸치고 / 구부러진 허리를 굽실거리며 / 가쁜 숨을 헐떡거리며 / 손수 부엌일을 하는 당신"이 바로 어머니다. 이 어머니를 바라보는 시적 주체는 어머니의 꿈을 "독단의 꿈"이자 "이해없는 꿈"이었고 "값헐은 꿈"이었다고 여기지만 그 꿈을 단념한 어머니의 모습에 시적 주체는 "가슴이 찢어지고 터질 듯이" "아프고 쓰"라린다. 이 시에서는 어머니의 꿈을 이루어 드릴 수 없었던 자신에 대한 회한과 늙은 어머니에 대한 애정과 위로가 절절히 묻어난다. 권환이 어머니에 대한 자신의 감정을 형상화한 3편의 시는 어머니에게 바치는 위로의 헌사라 하겠다.

권환의 시를 통해 살펴본 아버지와 어머니의 이미지는 농민의 모습과 별반 다르지 않다. 여기서 아버지와 어머니의 실제 모습과 시가 형상화한 이미지의 일치는 중요하지 않다. 시인 권환이 시에서 그려내는 아버지와 어머니의 형상이 중요하다. 아버지와 어머니의 농민 이미지는 권환이 농민을 자신의 피붙이로 받아들였음을 말해 준다. 한국 민중의 대다수였던 농민에 대한 권환의 사랑을 뜻한다. 이러한 사랑은 시 「풍경」전집 60, 「금상첨화」전집 105, 「보리」전집 160-161, 「곽첨지」전집 162-163 등에서 잘 표현되고 있다. 오서리와 농민 아버지와 어머니는 권환의 리리시즘의 근원이다. 권환은 근원의 형상화를 통해서 자기분열과 자기 정체성의 위기를 극복해 가고 있었다.

삶의 진실과 리얼리즘 미학

해방 후 권환은 다시 파토스의 시인으로 돌아왔다. 돌아온 권환의 파토스는 카프 시절의 협소한 계급주의를 극복하고 당시 민중의 절대 다수인 농민에 대한 사랑에 바탕을 둔 것이다. 시 「고궁에 보내는 글」 전집 178-179에서 농민은 민주주의를 사랑하는 순한 양 같은 백성들로 그려진다. "흰 무명옷 입고 / 황토밭 밑 얕은 초가집에 사는 / 순한 양 얼굴같은 이 백성들은 / 실상 모두다 민주주의를 사랑하니까요".

전쟁이 초래한 민중의 참상을 보면서 권환은 파토스에서 벗어나 삶의 진실을 형상화하는 리얼리즘으로 나아갔다. 권환의 타계 직후 1955년 6월에 『경남공론』에 실렸던 유고 시 「선창 뒷골목」[9]은 한국전쟁 직후 마산 어시장의 풍경을 담고 있다.

이켠엔 머리 하아얀 할머니 팥죽 항아리
앞에 낡은 십 원짜리 지화 닷 장을 세고 또 세고

---

9) 박태일, 「권환의 절명작 연구 (1)」(『한국현대문학연구』 56, 2014) 참조.

저켠엔 다박머리 종일 재깔거리는
애꾸눈이 계집아이와 썩은 고구마 바구니

그 옆엔 일전짜리 바나나 빵 굽는
다 해진 군복에 연신 된기침을 쿨룩거리는 수염털보 영감

고급차 지프 트럭이 지날 때마다
시껌은 진흙물이 사정없이 뛰어 오른다.

생선 비린내 풍기는 선창 뒷골목에
날이 벌써 저물어

고양이처럼 웅그리고 콧물을 흘리는 할머니 등 위에
눈 섞인 궂은 빗방울 떨어진다.

(「선창 뒷골목」 전문) 10)

  이 시에서 시적 주체는 아무런 감정 개입 없이 카메라아이 camera-eye 처럼 피사체를 잡아낸다. 화면에 잡힌 피사체들만이 오로지 말을 건넨다. 독자는 아무런 매개 없이 피사체를 마주한다. 피사체가 주체이다. 이 주체들, 할머니, 낡은 지폐, 애꾸눈이 계집아이, 썩은 고구마, 바나나 빵, 군복, 수염털보 영감, 트럭, 진흙물, 선창 뒷골목, 저무는 날, 콧물, 할머니, 빗방울 등은 전후의 시대 상황의 깊이를 담아낸다.

---
10) 박태일, 앞의 글, 333-334.

"눈 섞인 구진 빗방울"과 생선 비린내와 저무는 날은 살풍경한 정조를 자아낸다. 인물들은 어시장의 가게가 아니라 시장 뒷골목에서 물건을 땅바닥에 놓고 팔고 있는 하층민들이다. 애꾸눈이와 군복이 전쟁의 폐해를 전달하고 고급 찌프 추럭에 의해서 뛰어오르는 시꺼먼 진흙물이 전후에 민중이 겪어야 했던 참상을 대신 말해 준다.

「선창 뒷골목」에는 파토스도 리리시즘도 없다. 시적 주체의 매개가 사라짐으로써 오로지 삶의 진실만이 독자들을 바라본다. 오로지 삶의 진실이 주체가 된다. 「선창 뒷골목」은 전쟁의 피해를 온몸으로 받아야 했던 민중에 대한 애가이자 권환이 도달한 리얼리즘 미학의 극치이다.

일제강점기, 해방기 그리고 전쟁을 겪으면서 노동자와 농민을 사랑했던 권환의 시혼은 그를 사랑하였던 마산의 시인들을 통하여 계승되었고 마산의 민주주의 시문학의 기원이 되었다.

정진업

하루

- 기아선 飢餓線 에서 헤매는 바다를 건너온 사나이의 독백

   고장으로 돌아는 왔으나 사글세방 부엌에 연기 한 번 올려보지들 못하였다

   고장이 노상 아름다울 게 뭔가?
   어릴 때 꿈에나 그리던 고장 말이지
   괴로울 때 울며 넋두리하는 고장 말이지
   이 여섯 목숨을 내가 무슨 힘으로 붙안아야 하느뇨?

   목숨과 더불어 다할 수 없는
   오 어린 것들의 사뭇 메밀 섬에 쥐 덤비듯 하는 이 칼로리를 대체 무엇으로 마련해야 하느냐 말이다
   하루!!

   또 하루!! 수십 년을 두고 흘러야 할 이 하루를

올려다보는 처마 끝에 이은 오늘 하루의 아침 하늘은 높고 맑아라

홍!! 끼니는 어겨도 가을은 못 어기나 보지 이웃집 설거지 소리에 잠이 깬 늑골이 주판알처럼 두드러진 어린 것들

- 너는 웃마을로 가거라
- 너는 산기슭 부자 많이 사는 마을로 가거라
- 어서 아침상들 물리기 전에……

오! 귀여운 내 새끼들아

바가지 들려 오늘 이 하루의 칼로리를 빌러 보내는 에미의 눈은 함초롬히 젖었고

애비의 눈에는 불이 튀었다

가리라!! 차라리 가리라!!

현해 玄海 바다 저 건너 내 비록 원수의 발에 짓밟혀 죽을지라도 한사코 정든 그곳에서 살다 죽으리라

아……

진 정 코

진 정 코

이럴 줄을 몰랐던 내 고장이었다

이럴 줄을 몰랐던 겨레들이었다.

1946. 8. 15.

강남으로 가자

강남으로 가자
거기는 내 어버이 밭 갈고 길쌈하시는 곳
봄이 오면 뒷산에 올라
두견꽃 따서 입에 물고
어깨동무하고 뛰놀던 곳

거기는 우리 형이 나 돌아오면
논밭 주어 농사를 배우게 하겠다는 곳
여름이면 뜰 앞에 석류꽃 피어 흐드러지고
앞들 밭이랑에서
참외 냄새 그윽이 풍겨 오는 곳

거기는 내 누이가 농부의 아낙이 되어
어렵지 않게 살아가는 곳
가을이면 풍성한 오곡백과를 거두어
누이와 웃으며 돌아오던
아 그 호젓한 들길을 어찌 잊으리?

강남으로 가자
목숨을 두고 맹서하던 그 여인도

남의 사람 되어 멀리 떠나가는 날
큰 뜻 못 이루고 내 비록 거러지 되어
강남으로 돌아갈지라도

한결같은 사랑으로 맞아 주는
내 어버이와 형제가 있는 곳
겨울이면 추울세라 솜옷 입혀
떡 지어 주시는 곳

오 그리운 내 고장 강남으로 가자

푸르른 그대로

슬픔을 꽃씨처럼 뿌리며
바다로 가는 새벽
겨레는 오직 영화하리니

움돋으면 꽃피는 대로
우리의 노래 부르면
미치도록 즐거워

일어서는 젊은 것이여!
남녘 산과 들에
타오르는 것이여!
오는 날을 기다려
항시 푸르른 그대로 있어라

임의 날개 위에

임아
큰 뜻 못 이루시고
가신 임아

말발굽에 채이고
칼날 걸어간 발자욱마다
선지피 고이던 그날
아 학살의 그날
삼월 초하루가 왔다

조선을 내놓아라
스물아홉 해 전
백의의 겨레가
벌떼처럼 일어나던
아 기미의 그 삼월 초하루가 또 왔구나

무심하게 흐르는 나달* 가운데
해마다 봄이 오면
불여귀 울어예어
우리는 임을 기리며

힘없는 산송장
향불조차 변변히 못 피웠더니라
구천에 사무칠 그 비원
풀어 드릴 길 없었더니라

그러나 모진 그 원수도
한때는 무찌른
평화의 날이 있어

날으소서
오월 하늘에 노고지리처럼
날개 솟구쳐
임의 혼은 이제 그 비원을 풀고
마음껏 창궁으로 날으소서 하였더니……

어이 하료?
다시 조선의 하늘은 좁고 낮다
그릇되이 복 받는 하늘에
천동 天動 이 울어
강남 찾아 제비 날아들듯
임의 등에 돋은
붉은 날개 위에
삼천만의 노래를 싣고

창궁으로 높이높이
솟을 날은
아직도 먼 데 있는가?

아 어느 하늘가에서
목 놓아 우시뇨?
임아
큰 뜻 못 이루시고
가신 임아!!**

*날과 달
**1948년 삼일절 기념시

국화

모진 시월 서리와
삭풍의 칼날에도
죽지 않았다

올해도 어질게 피어
훈향 그윽이 품고
누굴 반겨 웃는가?

꽃잎 빚어 술 담그고
옷자락 밟고 끌며
비원秘苑 거닐던
귀인의 손 아니라도
시월 국화는 외로울 것 없으나

정精 서리는 연연한 화심花心
어루만져 달래기에
온통 겨를 없는 아우성이라
가난한 겨레 채찍에 나부대어
젊은 회한 이리 가슴 파헤치는 쓰라림이여

어제도 고궁 담 밖에선
누군가 또 유언 없이 숨이 지다

국화야
얼굴 돌리고
두 눈 꼭 감았다
다시 피렴

온 겨레 가슴마다에
그렇게 다시 피렴

머잖아 비원悲願 이루는
어느 활짝 개인 가을날에

바다 · I

네 속에서 나고 죽고
온 마을이 너의 세례를 입어도
이맛살 하나 찌푸리지 않았었다

오히려 네 속에 자자孜孜히 서서
숙명을 영위하였거니
오늘의 이 슬픔도
너처럼 오직 묵默하여야만 하겠느뇨?

그러나 바다여!
너의 노여움을 내가 아노니
태곳적 홍수인 양
사오나운 해소海嘯로
이 오욕의 거리
박쥐들 나덤비는
하수도를 휩쓸어
해심海心 깊이 집어삼켜라

오래 트는 먼동일수록
밤은 짧은 것이라

오직 한 색 남빛으로

바다와 하늘이

녹아드는 아침이면

수족관에 잠들은

대대代代의 고기 아비들의

찬란한 승천 행렬이

백조의 울음과

더불어 있으리라

바다 · II

한 시절
동해안 작은 섬놈들의 배때기에
비계를 올려 주기 위하여
정어리인 양 기름 짜이던 너는

고기 아비들의 서글픈 육자배기가
밤마다 흘러오고 또 흘러가도
울어예는 너의 혼은
달을 안지 않아도
처절하기만 하였다
오늘 네가 올려다보는 뭍에는
양차洋車 달리는 거리에는
아직도 너로 하여 삶을 구하는 이들의
피를 빠는 거머리 새끼들이
날로 번식하고 있는 것을 보라

인종의 유순에도
해소海嘯 의 노여움을 마련하고 있는
나의 그림자 바다여!
다음 항구가 밝거들랑

해오라비도 불러

우리들의 노래에 화창 和唱 하게 하라

이루어질 나라는

병들지만 않으면
여름은 없는 놈의 살 시절이지라우
먹는 건 둘째고
우선 벗고도 살 수 있잖는기오?

전신주를 울리던 삭풍이
집 없는 노동자나
실업 부랑자들의
땀 괴인 가슴에
이처럼 은혜로이
불어든 적이 있는가?

주리면 그래도 우물이 있어
물 한 바가지 들이키고
더위와 삶에 지쳐
시청 앞이나
은행이나 회사 앞에
아무렇게나 쓰러져
돌을 베고
지게를 베고
이내 잠만은 평화로 떨어지는 사람들

좀 자유롭고
거리낌없는 여름철인가?

장작 한 개피를 사지 못해
오소소 새우잠에 밤을 밝혀야 하고
끼니를 어기면
창자마저 얼어 떨려야 하는데

이 거리에 넘쳐 흐르는
가난한 내 동족들은
지나간 모진 겨울을
어디서 어떻게 났던 것인가?

아 이 땅의 악착같은
슬픈 생리들이여!

이루어질 나라는
여름처럼 무성할
우리의 공화국은
겨울 아니라
보다 더한 것이 오더라도
우리에게 먼저
여름처럼 은혜로워야 할 것이다

갈대

모래밭에 묻어 놓은
물새의 노래는
영영 몰라도
좋은 것이 있었다

바람이 일면
바람 같은 심사
사색을 쫓고

스르르 시익시익
그이의 모시 치마 여미는 소리로
울어야 하였다

지금도 열다섯 소녀 하나
울면서 항구로 간다고
사공의 넋두리에
열이 오르는데

낙동강은 돌아선 채
태고 그대로인 바다로만 가는 것을
그는 잠자코 보고 있었다

소녀의 노래
- No. 25

소녀는 세상에 자기와 시인 단 둘만이 남은 것 같은 외로움과 애틋함을 느꼈습니다.

소녀와 시인은 외롭고 애틋하기 때문에 더욱 즐거웠습니다.

소녀가 만난 시인은 소녀가 생각하던 머리가 크고 눈썹이 좀 올라간 오빠와 같은 그런 시인이 아니었습니다.

소녀가 보기에 시인은 그보다 훨씬 더 무뚝뚝하고 이글거리는 두 눈이 무언의 대화로써 자기를 지켜 줄 감화력 풍부한 남자였습니다

소녀가 존경하는 시인은 예언하는 예지보다 지상의 모든 불의와 사악을 정화하는 데 눈물 아닌 꺽지 센 이빨도 갖추고 있었습니다

소녀에게 있어 시인은 진정 소녀의 마스코트가 될 수 있는 것은 물론 외롭고 가난한 사람들의 반려가 되기에도 충분하였습니다

거리

나무로 옮아간 바람이여!
신이 부르는 손짓으론
너무 거칠구나

내가 신에게 가든
신이 내게로 오든
우리의 거리는
너무 가깝다.
우리는 좀 더
멀리 떨어져서

직언을 못 참다가
외롭게 죽어 간
정의의 사람들을 위하여
한 십 년쯤
망부석이 되어
서로 지켜보고
있을 일이다.

바람

바람은 어디서 왔다가
어디로 가는가?

저 묘막한 운니 雲泥 의
무주공간을
기아처럼
울고 가는
바람이여

무형의 손길로
가지에 앉은
새 깃을 날리고
내가 토하는
한숨을 날리고
화장장 굴뚝에
허무를 날리고
그리고는
꽃씨를
한아름 안고
천국과 지옥

그 공간으로 빠진다

산다는 것이
지극히 부끄러운 날은
꽃밭에 앉아
지나가는
바람을 보고
큰절을 하다

바람은 어디로 갔다가
어디서 오는가?

가을비처럼

가을 하늘에서 내리는
가을비처럼
홀어미의 눈에서
타내리는 눈물처럼
인정은 서로의 가슴에서
그렇게 흘러내릴 수는
없는 것일까?

추석에 문을 잠그고
없는 슬픔으로
울고 앉았던 어린 것들처럼
그렇게 눈물이 흔하대서야
탈일 수밖에 없다.

비 내리는 공간 위로
하늘 문이 열리고
사람은 저마다의 겨드랑이에
날개가 돋쳤는데
가까운 마음의 문에는
왜 모두

강아지만한 자물쇠를
채워 두는 것일까?

남모르는 눈물
그렇지!
거기서 남모르는 눈물이
가을비처럼 흘러내리는 것이다.

가을비처럼
그렇게 남모르는 눈물이
인정보다 흔하대서야
아무래도 탈일 수밖에 없다

손톱

가려운 곳을 긁어 다오.
피가 나도록
견딜 수가 없구나.
머리를 긁어
피를 내는 게
안으로 응혈 짓느니보다
한결 시원할
그밖에 쓸모없는
손톱인 것을

그 손톱이 닿거들랑
남새밭
옥수수로 만든
꼬챙이라도 좋고
불국사
소학생 관광기념용
돼지발톱을 닮은
담양 죽세품이면
더욱 좋지 않겠느냐.

죽음은 오직
한 번밖에 없는 것
죽어서 되살아오는 건
장미라는 가시꽃의
이름이다.
시인이라는 면류관의
꽃이다.
가려운 곳에
피가 나서
긁어 부스럼이 될지라도
어찌 가려운 것을
참으라고 하느냐?

가려운 곳을
긁어 주는 게 아니라
숫제 등가죽을 벗기던
수양 같은 역군 逆君 도
있긴 있었다마는

안개 짙은
노량진 옛 나루터
시습이 목을 훔쳐
암장했다던

사육신

그 무덤 변두리를

소요하는

한 낙도^{落都} 시인의

자취를

아무도 보는 사람은 없다.

죽음은 오직

한 번밖에 없는 것

죽어서 되살아오는 건

역사라는

사람의 발자취다.

시인이라는

시집의 유산이다.

가려운 곳을

긁어 다오.

피가 나도록

그밖에는 쓸모없는

손톱인 것을

원근법

세월이 멀어지는 건
그만치 가까워지는 것이다.

한 그루의 꽃과
비와 이슬과
별과 서리를 향하여
피안의 눈이
그만치 가까워지는 것이다.

인고와 치욕의 시절
의로운 이들의
의로운 죽음을
한 번 상기해 보자.
목을 스치고 지나가던
칼날도
가슴을 뚫고
지나가던 총알도
지금은 제 홀로의 것이
아니었다.

죽이던 자는
홀로 죽었어도
죽은 이는 지금
우리와 함께 살고 있다.

세월이 멀어지는 건
그만치 가까워지는 것이다.
피안의 눈에 비끼는
한 그루의 꽃과
비와 이슬과
별과 서리는
모두 제 홀로의 것이
아닌 것이다.

평설

새로운 공화국을 꿈꾼 시인

김해에서 태어난 월초 정진업은 연극인, 언론인, 시인이었다. 정진업은 김해보통학교^{현, 동광초등학교}를 1930년에 졸업하였고, 이듬해에 아버지를 따라 마산으로 이주하여 1934년 마산공립상업학교^{현 마산용마고등학교}를 졸업하였다. 정진업은 마산상업학교 재학 시절부터 이광래가 이끌던 극예사劇藝舍에서 연극 활동을 시작하여 이후 배우, 연출가로서 활동하면서 초창기 마산 연극을 이끈 주요한 인물이었다. 정진업은 1939년 『문장』^{5월호} 지에 이태준의 추천으로 단편 「카츄사에게」를 발표하여 소설가로서 창작활동을 시작하였으며, 1940년에 평양숭실전문학교 문과를 다녔으나 졸업은 하지 않았다. 이후 그는 통영의 협성상업학원에서 연극을 가르쳤고 이때 유치진 등 통영 문인들과 교유하였다. 1942년에 성악가 김희조와 결혼하였고 이광래와 함께 신파 직업 극단 황금좌에 입단하여 전국과 만주까지 순회공연을 다녔다.

정진업은 1945년 9월 건국준비위원회 주최로 마산 공락관에서 상연된 연극「강씨 일가」를 연출하고 주연을 맡았으며 1946년에 마산 공락관에서「강남으로 가자」,「부사와 초부」를 공연하였고 본격적으로 지역 신문, 잡지에 시를 발표하기 시작하였다. 1948년에 정진업은『부산일보』문화부장으로 일하면서 시와 평론을 발표하였고 경남[당시 부산도 경남에 속하였다] 지역 문단에서 활발하게 활동하였다. 1949년 보도연맹에 가입하였고 1950년 8월에 좌익 문인으로 몰려 투옥되어 6개월의 옥고를 치루었다. 이 일로 정진업은 재직 중이던 부산일보에서 해임되었다. 해임 후 정진업은 거제 하청중학교와 하청고등학교, 부산 항도고등학교, 마산 성지여자고등학교에서 교사로 학생들을 가르치기도 하였다. 1967년 경상남도 문화상[문학]을 수상하였고 문협 마산지부장을 지냈다. 1983년 부산 백병원에서 급성뇌질환으로 영면하였다. 첫 시집『풍장』[1948]을 비롯하여『김해평야』[1953],『정진업작품집①』[1971],『불사의 변』[1976],『아무리 세월이 어려워도』[1981]의 다섯 권의 시집을 남겼다.

연극인 정진업

정진업을 연극으로 이끈 인물은 마산 출신 극작가이자 연출가였던 이광래[1908-1968]였다. 1930년대 후반 유치진과 함께 극예술연구회를 이끌었고 해방 후에도 유치진과 함께 남한의 민족주의 계열의 연극계를 주도하였다. 이광래는 마산 창신학교, 경성의 배재고보를 졸업한 뒤 일본으로 유학하여 1930년 와세다대학교 영문과를 3년 중퇴한 뒤 귀국하여 고향 마산에서 연극 활동을 시작한 것으로 알려져 있다.

최근의 연구에 의하면 마산 시절 이광래는 아나키스트들의 주도로 1930년 8월에 발생한 '상남축구대회 사건'과 '조선일보 습격사건'에 주요 인물로 등장한다.[11] 일본 유학 시절부터 적어도 해방 전까지 이광래는 아나키즘의 분파인 아나르코-생디칼리즘을 받아들인 아나키스트였음은 분명해 보인다.

1935년 경성으로 상경하여 극예술연구회에 가입하기 전에 아나키스트 이광래는 사상운동에서 연극으로 전환하여 마산에서 1932년 아마추어 연극단체 극예사를 조직하였고 여기에 당시 마산상업학교 학생이던 정진업이 참여하였다. 이 시절을 정진업은 다음과 같이 회고하였다.

    그때 조직됐던 '극예사(劇藝舍)'란 단체를 따라 영남 일대를

---

11) 이민영, 「이광래 연극운동의 사상적 배경과 아나키즘」, 『어문학』 134집, 한국어문학회, 2016. 참조. 관련 보도 기사로 「上南蹴球大會事件」(『동아일보』, 1930.10.5), 「창원 蹴球 사건 십오 명 기소 - 죄명은 騷亂罪」(『중외일보』, 1930.9.4), 「上南蹴球大會事件 來十四日에 公判」(『동아일보』, 1930.10.5.)과 「三名은 無罪 十名은 執豫 - 上南蹴球 事件 公判」(『동아일보』, 1930.11.21.)를 참조. 기소자 명단에는 마산청년동맹 회원으로 김형윤(『경남신문』의 전신인 『마산일보』 전 사장)의 이름도 들어 있다. 상남축구대회 사건은 창원, 김해, 마산의 청년대표 축구선수들 사이에 일어난 폭력 사태이다. 폭력의 원인은 사회주의자와 무정부주의의 사상적 대립이었다. 조선일보 습격 사건은 아나키스트에 대해 편파적이고 불리한 보도를 하는 조선일보에 아나키스트들이 항의하러 갔다가 일어난 폭력 사건이었다. 이광래는 상남축구대회 사건 당시 아나키스트의 마산청년동맹 회원이었다. 이 사건으로 이광래는 징역 6개월에 집행유예 2년을 선고받았으며 조선일보 습격 사건에도 가담하였다.

방랑의 길에 올랐다. 작고하신 이광래 선생의 연출, 출연으로 매일 밤 레퍼토리가 달랐던 〈카르멘〉〈춘희〉〈윌리엄 텔〉〈아버지 돌아오다〉〈탕아의 죽음〉등 각색과 〈양산도령〉 등의 창작물에 선생과 함께 출연하면서 선생의 작품과 연출에 경도되면서 문학의 싹을 키워 왔던 것이다. 그 후 세 번이나 지방순회공연을 다니는 동안 인생에 대해 많은 것을 배웠다.[12]

위 회고를 보면 정진업이 연극과 문학의 길로 들어선 데는 이광래의 영향이 지대하며 이광래가 정진업에게 인생의 스승이기까지 한 것을 알 수 있다. 또한 정진업은 1942년경 이광래가 활동하던 황금좌에 입단하여 전국과 만주를 순회하였다. 이 시절을 정진업은 "내가 해방을 맞이한 것은 이광래 선생과 신파직업 극단 '황금좌'에 입단하여 전국은 물론 만주까지 순회를 다니던 끝에 병을 얻어 돌아온 지 수개월만의 일인데…"[13]라며 회상하고 있다. 이광래는 정진업을 연극으로 이끌었을 뿐만 아니라 사상적으로 영향을 미쳤다. 정진업이 작고 직전인 1983년 허버트 리드의『시와 아나키즘』을 번역하여 출판한 것은 이광래의 아나키즘이 정진업에게 영향을 끼친 사실을 방증한다.[14]

정진업의 회고를 조금 더 살펴보자.

---

[12] 박영주,「마산연극의 흐름」,『마산문화』제1권, 1982: 20쪽. 1932년 7월 2일『동아일보』는「馬山劇藝社創設」이라는 제목으로 극예사의 창설을 간략하게 보도하고 있다.
[13] 박영주, 앞의 글, 21쪽에서 재인용. 원 출전은 정진업의「나의 문단 올챙이 시절과 오늘의 마산문단」(『마산문학』7집, 해조문화사, 1981.03.01).
[14] 이광래의 극예사에 참여하였던 이일래, 김형윤, 김지홍 등은 마산 지역의 아나키스트들이었다.

우리는 굳게 잠겨 있던 공락관 극장 문을 열고 필자의 작, 연출, 주연으로 〈강씨 일가〉를 공연하여 많은 관중을 울렸다. 처음 입에 담아보는 애국가, 합창대에는 원죄로 끌려가서 지금도 생사를 모르는 내 누이동생이 지휘를 하면서 눈물을 쏟고 있었다. 필자도 너무 열연을 했음인지 그 후 다시 병이 덧나 오래 고생을 했다. 다음 2회 공연 때는 일본의 귀환 동포를 주제로 한 〈강남으로 가자〉를 필자가 써 공연했는데 일종 시극 형태로서, 당시 콜레라가 창궐하기 시작하여 귀국을 마음대로 할 수 없고 귀국선의 부족으로 검역을 끝낸 동포들도 제 고향으로 돌아올 수 없어, 항구의 천막 수용소에서 고국의 하늘을 기리며 눈물짓는 동포들의 향수와 페이소스를 농도짙게 표출한 작품이었다.[15]

이 회고에는 정진업의 아픈 가족사가 언급되어 있다. 정진업의 누이동생 역시 정진업과 똑같이 국민보도연맹에 가입하였다가 무참히 살해된 것으로 알려졌다.[16] 이 회고에서 연극 대본, 연출, 주연까지 맡

---

[15] 박영주, 앞의 글, 21쪽.
[16] 정진업의 누이동생 미혜는 1950년 당시 마산 완월초등학교 교사로 재직 중에 보도연맹에 가입하여 마산교도소에 수감되었다가 등 뒤에 큰 돌을 매단 채 수장당하였다. (이성모, 「정진업 시의 정신사」, 『제4회 창동허새비축제, 이선관문학심포지엄 자료집』, 이선관시인추모모임, 2013, 15쪽) 한국전쟁이 발발하자 이승만 정부가 저질렀던 보도연맹원 학살 사건은 전쟁 후 제2공화국에서 조사가 진행되었으나 5·16군사쿠데타로 집권한 박정희에 의해 중지되고 은폐되었다. 2007년 진실화해를위한과거사정리위원회(이하 진실화해위원회)가 조사를 시작하여 2009년 11월 한국전쟁 기간 동안 대한민국 정부 주도로 국민보도연맹원 4,934명이 희생된 사실을 확인했다고 발표하여 그 실체가 드러났다.

아 공연을 위해서 분투한 정진업과 해방을 맞이한 마산 시민의 감격과 기쁨을 생생히 느낄 수 있다. 구체적인 공연 내용은 알 길이 없으나 시극「강남으로 가자」가 당시 콜레라와 귀국선의 부족으로 재일동포가 귀국하지 못하는 상황을 다루고 있음을 알 수 있다. 해방이 되자 귀국하지 못하는 일가친지를 기다리는 가족들이 많았을 것이므로 이 공연 역시 관객에게 강한 울림을 자아내었을 것으로 생각한다. 공연 이듬해『경남교육』에 시「강남으로 가자」가 실렸다. 아래는 시의 끝맺음 부분이다.

> 한결같은 사랑으로 맞아주는
> 내 어버이와 형제가 있는 곳
> 겨울이면 추울세라 솜옷 입혀
> 떡 지어 주시는 곳
>
> 오 그리운 내 고장 강남으로 가자
>
> (「강남으로 가자」부분) [17]

고향의 비유로 사용된 강남은 '따뜻한 남쪽 나라'를 뜻한다. 마산은 한반도 남단에 위치한 도시이므로 지역의 관객이 자연스럽게 느끼는 고향의 이미지가 사용되었다. 시에서 고향은 "내 어버이 밭 갈고 길쌈 하시는 곳", "우리 형이 나 돌아오면 / 논밭 주어 농사를 배우게 하겠

---

[17] 정진업,『정진업 전집 1 시』, 박태일 엮음, 세종출판사, 2006, 14쪽. 이하 본문에서의 인용은 작품 제목과 쪽수, 또는 쪽수만으로 표기하겠다.

다는 곳", "내 누이가 농부의 아낙이 되어 / 어렵지 않게 살아가는 곳"으로 표현된다. 목가적이며 이상적인 고향이다. 이 고향과 대비되는 시적 화자 나의 현실은 "큰 뜻 못 이루고 내 비록 거러지 되어 / 강남으로 돌아갈지라도"라고 조건적으로 표현된다. 즉 고향이란 나의 성공 여부와 상관없이 언제나 따뜻하게 부모 형제들이 맞아주는 곳이다.

이러한 고향 이미지는 극이 공연된 1946년 아직도 해방의 감격이 여운처럼 남아 있던 시기라는 것을 고려하면 관객을 감동시키기 위한 연출가 정진업의 의도를 짐작하게 한다. 즉 귀국한 동포를 비롯하여 귀국하지 못하고 있는 동포들에 대한 도움과 관심을 환기할 필요가 있었을 것이다. 왜냐하면 극이 공연된 1946년 8월 15일자에 창작된 시 「하루」에는 고향에 돌아왔으나 끼니가 없어 아이들에게 비럭질을 시켜야 하는 각박한 현실에 도로 일본으로 돌아가는 것이 낫겠다는 귀국 동포의 모습이 그려져 있다. 부제는 "기아선에서 헤매는 바다를 건너온 사나이의 독백"이다. 연극인 정진업의 면모를 보여주는 독백 형식의 시다.

고장으로 돌아는 왔으나 사글세방 부엌에 연기 한 번 올려보지들 못하였다

(......)

오! 귀여운 내 새끼들아
바가지 들려 오늘 이 하루의 칼로리를 빌러 보내는 에미의 눈

은 함초롬히 젖었고

애비의 눈에는 불이 튀었다

가리라! 차라리 가리라!!

현해 바다 저 건너 내 비록 원수의 발에 짓밟혀 죽을지라도

한사코 정든 그곳에서 살다 죽으리라

아……

진 정 코

진 정 코

이럴 줄을 몰랐던 내 고장이었다

이럴 줄을 몰랐던 겨레들이었다

(「하루 - 기아선에서 헤매는 바다를 건너온 사나이의 독백」 부분: 4-5)

연극인 정진업의 창작활동은 한국전쟁기 영화 시나리오 창작으로 이어졌다. 정진업은 1952년 1월 31일에 마산 시민극장에서 상연된 영화 「삼천만의 꽃다발」의 시나리오를 썼다. 이 영화는 1월 26일자 『마산일보』 광고란에 "馬山이 낳은 事變後 最初의 韓國映畵"라는 선전 문구로 다음 회 상연 목록으로 올라왔다. 연출은 신경균, 촬영은 김찬영, 출연진으로 한국영화사 초창기를 대표하는 여배우 복혜숙을 비롯하여 황여희 등이었고 정진업 역시 병원장 역으로 출연하였다.

영화 시나리오 창작 이후 정진업은 시 창작에 주로 힘을 쏟았으며,

1964년 1월 6일부터 4월 18일까지 『마산일보』에 중편 소설 『원시의 태양』을 총 87회로 연재하기도 하였다. 정진업은 연극인, 언론인, 시인 그리고 소설가로서 다재다능한 재능으로 활동하였다. 특히 일제강점기부터 한국전쟁기에 걸쳐 연극인으로서의 삶은 지역 연극의 발전에 커다란 공헌을 하였고 그의 초기 시의 특성 중 하나인 연극적인 시적 화자를 낳았다고 할 수 있다.

불의한 현실에 맞서는 서정시인

이선관 시인은 시 「저항」에 "끓는 물에 / 조개를 넣으면 / 아가리를 벌리듯 / 내 가장 아끼는 / 선배 한 분이 / 그렇게 살아가라고 / 말씀하셨다"『독수대』 1977년로 선배 시인에 대한 존경을 담았다. 선배 시인은 정진업이다. 이선관 시인이 시 제목으로 붙인 '저항'이야말로 정진업 시인의 시와 삶을 가로지르는 키워드 중 하나이다.

유럽에서 근대문학의 발생 이후 서정시인은 음풍농월하는 전통적인 시인이 되거나 세계와 불화하는 존재로서 세계의 모순에 맞서거나 유미주의를 방패로 외면한다. 정진업은 부조리한 현실에 맞서는 서정시인이었다. 문학의 길로 들어선 그가 맞섰던 현실은 처음에는 피압박 민족의 현실이었고 광복 후에는 좌·우익의 혼란과 민족상잔의 전쟁이었고 민주주의를 유린하던 독재였다.

정진업이 일제강점기와 해방 정국을 어떻게 인식하였는지를 살펴보자.

임아

큰 뜻 못 이루시고

가신 임아

말발굽에 채이고

칼날 걸어간 발자욱마다

선지피 고이던 그날

아 학살의 그날

삼월 초하루가 왔다

(……)

날으소서

오월 하늘에 노고지리처럼

날개 솟구쳐

임의 혼은 이제 그 비원을 풀고

마음껏 창궁으로 날으소서 하였더니……

어이 하료?

다시 조선의 하늘은 좁고 낮다

(……)

아 어느 하늘가에서
목 놓아 우시뇨?
임아
큰 뜻 못 이루시고
가신 임아!!

(「임의 날개 위에」 부분: 26-28)

정진업은 1948년 삼일절을 기념히는 시 「임의 날개 위에서」에서 3·1 만세 사건으로 운명을 달리한 독립지사들을 '임'이라 부른다. 일제에 항거하던 지사들의 혼이 비원을 풀고 이승을 자유롭게 떠나가라고 빌었으나 그것도 잠시, 광복된 나라의 현실은 여전히 혼란스럽다. 이 혼란스러운 현실은 "다시 조선의 하늘은 좁고 낮"아서 지사들의 혼이 높이 날아 솟을 날은 아직도 멀었고 혼들이 여전히 "목 놓아 우"는 곳이다.

서울 창덕궁 비원에 핀 국화는 예년과 다름없이 "올해도 어질게 피어 / 훈향 그윽이 품고" 누구든지 반긴다. 그러나 그 국화마저도 "가난한 겨레 채찍에 나부대어" "온통 아우성"인지라 자신의 "연연한 화심花心"을 "어루만져 달래"지도 못하는 세상이다. 쓰라리고 외면하고픈 세상이지만 국화가 다시 피기를 시적 화자는 염원한다. 국화가 다시 필 때는 "비원悲願 이루는 / 어느 활짝 개인 가을날"이 될 것이라고 고대한다.「국화」 42-43 시적 화자의 염원과 고대는 혼란스러운 해방 정국을 온몸으로 부딪치며 언론인, 시인, 연극인으로 분투하던 정진업의 염원이다.

1948년에 나온 정진업의 첫 시집 『풍장』에 실린 시들이 창작된 시기는 정부 수립을 둘러싼 좌우익의 대립, 일제 잔재 청산 문제 등 해방 정국의 정치적 혼란이 극심하였던 때이다. 시집 『풍장』의 서두를 장식하고 있는 「바다·I」, 「바다·II」에는 해방 정국에 대한 정진업의 정치적 입장이 뚜렷하게 형상화되어 있다. 이 두 시의 시적 화자는 바다가 어떤 행위를 해줄 것을 요청한다.

> 네 속에서 나고 죽고
> 온 마을이 너의 세례를 입어도
> 이맛살 하나 찌푸리지 않았었다
>
> 오히려 네 속에 자자(孜孜) 히 서서
> 숙명을 영위하였거니
> 오늘의 이 슬픔도
> 너처럼 오직 묵(默) 하여야만 하겠느뇨?
> (「바다·I」부분: 63)

바다는 시적 화자 '나'가 태어나고 죽는 곳이다. 바다의 "세례"는 마을을 덮치는 바다 폭풍의 은유이다. 폭풍이 휘몰아쳐 온 마을을 덮쳐도 화자는 개의치 않았다고 고백한다. 그것은 화자가 처한 숙명이었기 때문이다. 그러나 "오늘의 슬픔"에 대해서는 침묵할 수 없다고 바다에게 되묻는다. 그리하여 화자는 바다에게 요청한다.

그러나 바다여!
너의 노여움을 내가 아노니
태곳적 홍수인 양
사오나운 해소(海嘯)로
이 오욕의 거리
박쥐들 나덤비는
하수도를 휩쓸어
해심(海心) 깊이 집어삼켜라

(「바다·Ⅰ」부분: 63)

시적 주체가 느끼는 "오늘의 슬픔"은 "오욕의 거리"와 "박쥐들"에게서 온다. 그리하여 그것을 휩쓸고 집어삼키라고 요청하는 것이다. 「바다·Ⅱ」에서 "오욕의 거리"는 보다 선명하게 구체화된다.

오늘 네가 올려다보는 뭍에는
양차(洋車) 달리는 거리에는
아직도 너로 하여 삶을 구하는 이들의
피를 빼는 거머리 새끼들이
날로 번식하고 있는 것을 보라

인종의 유순에도
해소(海嘯)의 노여움을 마련하고 있는
나의 그림자 바다여!

> 다음 항구가 밝거들랑
>
> 해오라비도 불러
>
> 우리들의 노래에 화창(和唱)하게 하라
>
> (「바다·Ⅱ」 부분: 65)

양차는 서양 자동차로 당시 미군정기를 은유한다. 「바다·Ⅰ」의 박쥐는 「바다·Ⅱ」에서는 바다를 삶의 터전으로 살아가는 "너로 하여 삶을 구하는" 민중들의 "피를 빠는 거머리 새끼들"로 이어진다. 박쥐나 거머리는 외세에 붙어 민중의 고혈을 빨아먹는 자들이다. 화자는 이들을 "사오나운 해소" 즉 사나운 바다 폭풍으로 쓸어버리라고 요청한다.

「바다·Ⅱ」에서 화자는 바다를 "나의 그림자 바다여!" 하며 돈호한다. 여기서 그림자로 불리는 바다는 화자의 분신으로 해석할 수 있다. 화자는 자신의 염원을 투사한 바다를 내세워 미래에 대한 자신의 소망을 표출한다.

> 오래 트는 먼동일수록
>
> 밤은 짧은 것이라
>
> 오직 한 색 남빛으로
>
> 바다와 하늘이
>
> 녹아드는 아침이면
>
> 수족관에 잠들은
>
> 대대(代代)의 고기 아비들의
>
> 찬란한 승천 행렬이

백조의 울음과

더불어 있으리라

(「바다·I」부분: 63-64)

    먼동이 빨리 트지 않는 이유가 밤이 짧아서 그렇다는 것은 역설이다. 어둠의 밤은 해방 정국의 혼란과 사회적 모순을 비유하며, 먼동이 트는 과정은 새로운 아침 즉 조국의 새로운 시대를 의미한다. 조국의 새로운 시대가 더디 오는 것처럼 느껴지는 조바심을 경계하면서 지금의 밤이 곧 끝난다는 믿음을 가져야 한다는 뜻이다.
    고기 아비는 한자어 어부漁夫, 漁父를 순우리말로 바꾼 표현이라 하겠다. "수족관에 잠들은" 고기 아비들의 승천 행렬은 생경한 이미지이다. 승천은 죽어서 하늘로 올라가는 기독교적 의미를 지닌다. 그렇다면 수족관은 묘지 또는 죽은 자가 거하는 곳이라는 이미지를 가진다. 나아가 "백조의 울음"은 서양 르네상스의 인문주의자 에라스무스의 격언집 『아다기아』에 나오는 유명한 표현으로 백조가 죽기 전에 가장 아름다운 소리를 낸다는 뜻에서 인생 최후의 걸작, 그 최후의 걸작으로 삶이 완성되는 절정을 의미한다. 즉 화자는 "바다와 하늘이 / 녹아드는 아침이면" 죽어서 바다에 잠긴 어부들이 백조들의 울음이 울려 퍼지는 가운데 찬란하게 승천할 것이라는 자신의 소망을 말한다. 생경하지만 장엄하기까지 한 고기 아비의 승천 행렬은 조국 광복을 갈망하며 죽기를 불사했던 독립투사들을 비롯한 민족의 수난과 부활을 상징한다. 화자는 그러한 희생과 수난이 있었기에 새로운 조국이 아침처럼 밝아올 것이라는 굳건한 믿음을 토로하고 있다.

「바다·Ⅱ」의 "다음 항구가 밝거들랑"이라는 표현 역시 「바다·Ⅰ」의 아침과 마찬가지로 시간 이미지를 지닌다. 다만 「바다·Ⅰ」의 화자가 먼동 트기를 기다리는 정적인 주체라면 「바다·Ⅱ」에서는 배를 타고 나아가는 동적인 주체이다. 다음 항구에 동이 트면 "해오라비도 불러 / 우리들의 노래에 화창하게 하라"가 「바다·Ⅱ」의 마지막 2행이다. 이는 형식적으로 「바다·Ⅰ」의 끝맺음과 호응한다.

　「바다·Ⅰ」과 「바다·Ⅱ」는 해방 정국에서 좌우익 대립과 친일 부역자들이 발호하던 상황을 바라보는 정진업의 역사관과 해방된 조국의 미래에 대한 정진업의 격정적인 열망을 표현한다. 특히 박쥐, 피를 빠는 거머리와 같은 적나라한 비유는 화자의 정서적 반응이 강조되어 독자들의 공감을 떨어뜨릴 수도 있다. 그러나 화자의 정서는 독자로 직접 향하지 않고 바다로 향한다. 즉 화자의 정서는 바다를 매개로 하여 독자들에게 전달되는 형식을 지닌다. 독자는 바다를 바라보며 돈호하는 화자를 바라보는 연극의 관객과 같은 제삼자의 위치에 서게 된다. 이 위치로 인하여 독자와 화자의 사이에는 거리두기의 효과가 발생하고 독자는 화자의 정서에 주체적으로 반응하게 된다. 이러한 거리두기는 연극인 정진업에서 비롯된 미학적 장치이다. 「바다·Ⅰ」과 「바다·Ⅱ」는 직정적인 시가 빠지기 쉬운 감정의 과잉과 강요를 거리두기의 효과로 극복한 수작이라 하겠다.

　해방된 조국에 대한 정진업의 열망이 어떠한 구체적인 이미지를 띠고 있는지는 시 「이루어질 나라는」에서 잘 표출되어 있다.

　　병들지만 않으면

여름은 없는 놈의 살 시절이지라우

먹는 건 둘째고

우선 벗고도 살 수 있잖는기오?

(……)

주리면 그래도 우물이 있어

물 한 바가지 들이키고

더위와 삶에 지쳐

시청 앞이나

은행이나 회사 앞에

아무렇게나 쓰러져

돌을 베고

지게를 베고

이내 잠만은 평화로 떨어지는 사람들

좀 자유롭고

거리낌없는 여름철인가?

(……)

이루어질 나라는

여름처럼 무성할

우리의 공화국은

겨울 아니라
보다 더한 것이 오더라도
우리에게 먼저
여름처럼 은혜로워야 할 것이다

(「이루어질 나라는」 부분: 104-106)

    해방 후 우리 민족이 만들어야 하는 나라는 공화국이다. 화자는 이루어질 나라를 사계절 중에서 여름으로 비유한다. 지금은 지구온난화로 인한 기후 위기의 시대로 여름은 뜨거워서 위험한 계절이 되었다. 그러나 기후 위기 이전인 20세기 중반의 한반도는 여름은 어디서나 채소가 자라고 나무 그늘이 시원한 계절이었다. 특히 가난한 사람들에게는 겨울보다는 여름이 나기가 훨씬 수월하였다. 즉 화자가 말하는 우리의 공화국은 엄동설한의 겨울이 아니라 "없는 놈"이라도 가벼운 옷차림으로 그늘이면 아무렇게나 잠을 잘 수 있는 "은혜로운" 여름 같은 나라이어야 한다고 소원한다. 즉 '여름 공화국'은 "가난한 내 동족"이 살기 좋은 나라로 정진업이 열망하던 공화국이었다. 없는 놈은 정진업에게는 가까운 이웃이었다. 정진업에게 이웃은 "사투리 모양 / 생각도 가지가지 / 다른 것인데 / 오직 마지막 한 곳을 / 바라고 가는 사람들"로서 밤차를 타고 함께 가는 사람들이며 서로 "도란도란" 이야기의 "꽃"을 피우며 밤을 새고 나면 환한 아침을 함께 맞을 이웃이다. 「밤차」: 138-139

    불의한 현실에 대항하는 시인으로서 정진업은 스스로를 "한 개 조약돌"이자 "정의의 돌팔매를 화살처럼 날리는" 자로서 새로운 날이 올

때 부를 노래인 "승리의 노래"를 미리 마련하는 자로 인식한다.「새로운 그날을 위하여」: 118-119 그러나 정진업이 늘 염원과 희망을 소리 높여 외친 것은 아니다. 그도 때로는 현실에 낙담하여 낙동강 강가의 갈대에 자신을 투영한다.

바람이 일면
바람 같은 심사
시색을 쫓고

스르르 시익시익
그이의 모시 치마 여미는 소리로
울어야 하였다

지금도 열다섯 소녀 하나
울면서 항구로 간다고
사공의 넋두리에
열이 오르는데

낙동강은 돌아선 채
태고 그대로인 바다로만 가는 것을
그는 잠자코 보고 있었다

(「갈대」 부분: 136-137)

시적 화자는 바람에 흔들리는 갈대처럼 마음과 생각도 바람처럼 흔들리는 자신의 모습을 솔직하게 토로한다. 사공의 넋두리로 울면서 항구로 가는 열다섯 소녀의 사연을 전해 듣는다. 소녀의 사연은 독자들에게 밝혀지지 않는다. 그런데 이 시의 첫 발표 원고에는 소녀의 슬픈 사연이 구체적으로 "아직도 녹의홍상이 팔려 간다는 / 설운 사공의 넋두리"로 표현되어 있다.137 열다섯의 어린 나이에 신부^{녹의홍상}로 팔려 가는 소녀가 있는 가난한 현실에 분노하지만 화자는 무력하게도 흘러가는 낙동강만 바라보고 섰을 뿐이다. 즉 모순된 현실에 대한 분노와 새로운 나라를 향한 염원이 큰 만큼 정진업은 자신의 고뇌와 무력함을 진솔하게 시로써 토로하고 있다.

해방 정국에서 정진업은 불의한 현실에 맞서 불의를 비판하고 가난한 이웃을 사랑하였고 새로운 나라에 향한 염원을 소리 높여 외쳤던 서정시인이었다.

_____ 실존하는 시인[18]

---

[18] 정진업 시인의 시 세계를 이성모는 "민족의식의 치열성을 보이던 광복기, 궁핍과 통분과 자괴감 속에 현실 인식이 예각화되던 1950년대, 3·15의거 이후, 빈곤의 삼제를 향한 직정적 역사의식으로 충만했던 1960년대, 부조리한 세상과 진정한 삶의 간극 사이에서의 실존 의식으로 점철되던 1970년대 초반, 자기 성찰과 통합에의 의지를 보이던 1970년대 후반과 1980년대"의 5시기로 구분한다. (이성모, 앞의 글: 8-9쪽) 본문의 "실존하는 시인"은 이성모의 견해를 받아들인 것이다. 나아가 필자는 이성모가 정의한 1970년대 초반의 정진업의 실존 의식이 그 이후의 정진업 시 세계의 기저에 깔려 있는 것으로 판단하며 특히 만년의 두 시집 『불사의 변』(1976), 『아무리 세월이 어려워도』(1981)는 시인의 실존 의식이 자기 성찰로 나타난 것으로 본다.

한국전쟁기에 보도연맹 가입 후 권력의 폭압으로 불의하게 죽은 누이동생 미혜의 죽음은 정진업에게 깊은 상처를 남겼다. 그러나 누이의 죽음은 오히려 정진업에게 시인으로서 자신을 되돌아보는 계기가 되었다. 누이의 죽음을 애도하는 〈소녀의 노래〉 연작시는 프롤로그와 23번에서 30번 그리고 에필로그까지 10편을 『김해평야』1953에 실었다.[19] 이 연작시의 시적 주체는 소녀와 시인의 만남을 그려내고 있다. 병을 앓는 소녀가 만난 "오빠와 같이 시를 쓰던 고향의 시인"[175]은 정진업의 분신이다. 소녀는 "예언하는 에지보다 지상의 모든 불화와 사악을 정화하는 데 눈물 아닌 꺽지 센 이빨을 갖추고"[176] 있는 시인을 존경하였다. 또한 소녀는 시인을 통하여 "모든 사람의 사람됨과 아름다운 시의 세계를 바라볼 수" 있었다. 소녀는 "자기의 눈 대신 새로운 또 하나 시인의 눈이 나타나 준 것을 오히려 숙명 그것에다 감사하고 싶"다.[180] 이 연작시에서 그려지는 시인의 형상은 불의와 사악을 정화하고 모든 사람의 사람됨과 아름다움을 노래하는 시인이다. 소녀가 바라보는 시인은 정진업이 시인으로서 자기 존재가 나아가야 할 실존적 모습이다.

정진업은 삼라만상의 모든 까닭을 날리고 오로지 꽃씨만한 아름 안고 불어오는 바람을 꽃밭에 앉아 바라보면서 위안을 얻는다.

---

19) 시집 『김해평야』에 실린 연작시 〈소녀의 노래〉가 프롤로그, 에필로그와 함께 「소녀의 노래 - NO. 23」에서 「소녀의 노래 - NO. 30」까지이다. 적어도 22편의 「소녀의 노래」가 창작되었을 것이라고 추정할 수 있다. 시집에 다 수록하지 못한 이유를 이성모는 당시 사상적 검열을 의식한 정진업의 선택이었을 것이라고 추론한다. 이를 1957년 발간 예정이던 미간 시집 『차원의 생명』에 수록된 누이동생 미혜를 죽음을 애도하는 시 「魂 - 누이동생에게」의 분석을 통해 밝히고 있다. (이성모, 앞의 글: 14-16쪽)

바람은 어디서 왔다가
어디로 가는가?

(……)

내가 토하는
한숨을 날리고
화장장 굴뚝에
허무를 날리고
그리고는
꽃씨를
한아름 안고
천국과 지옥
그 공간으로 빠진다

산다는 것이
지극히 부끄러운 날은
꽃밭에 앉아
지나가는
바람을 보고
큰절을 한다.
(「바람」부분: 210-211)

꽃씨는 정진업 시에서 슬픔으로 이어진다. 시 「동양의 나무들은」 206-207에서 시적 주체는 "산자수명한 / 시인의 산하에 / 슬픔은 꽃씨처럼 뿌리고 / 기쁨은 열매처럼 거두자"로 노래한다. 여기서 "시인의 산하"는 시의 세계이자 시인이 현실에서 실존하기 위한 조건이다. 동시에 시인의 산하는 현전하는 현실이 아니며 그것은 시인의 실존이 나아가야 할 미래이다. 즉 시인 정진업의 실존은 나아가야 할 미래가 있기 때문에 가능하다.

시적 주체는 무슨 까닭으로 바람에게 큰절을 하는가? 시 「거리」209에서 바람은 "신이 부르는 손짓"이다. 바람은 일종의 신의 사자이다. 여기서 신은 종교적 의미의 신이 아니라 우주의 섭리이자 자연의 섭리이다. 자연에서 바람은 꽃씨를 운반한다. 시 「바람」에서 바람은 슬픔, 허무를 날려 보내고 꽃씨를 저승에서 이승으로 운반한다. 따라서 "지극히 부끄러운 날"에 시적 주체는 꽃밭에 앉아서 바람에 큰절을 하는 것이다. 이렇게 보면 시 「바람」에서 바람은 시인의 실존이 체현해야 할 우주와 자연의 섭리의 대리자이다. 정진업에게 "모든 사람의 사람됨과 아름다운 시의 세계"는 그 섭리에서 나오며 시인이 실존하는 존재 근원이기도 하다.

오로지 미래나 존재의 근원만을 바라본다면 시인으로서의 실존은 말의 신기루에 그치게 될 것이다. 현실에 대한 자각과 인식 없이는 실존은 불가능하다. 따라서 시집 『불사의 변』에서 독자들은 가족, 이웃의 삶, 각박한 현실 그리고 시인의 자의식 등을 형상화하는 시들을 만난다.

마지막 시집 『아무리 세월이 어려워도』의 많은 시에서 정진업은 가족, 예술, 시인 등을 주제로 하는 자기 성찰을 보여준다.

　　세월이 멀어지는 건
　　그만치 가까워지는 것이다.

　　한 그루의 꽃과
　　비와 이슬과
　　별과 서리를 향하여
　　피안의 눈이
　　그만치 가까워지는 것이다.

　　인고와 치욕의 시절
　　의로운 이들의
　　의로운 죽음을
　　한 번 상기해보자.
　　(……)
　　가슴을 뚫고
　　지나가던 총알도
　　지금은 제 홀로의 것이
　　아니었다.

　　죽이던 자는
　　홀로 죽었어도

죽은 이는 지금

우리와 함께 살고 있다.

(……)

한 그루의 꽃과

비와 이슬과

별과 서리는

모두 제 홀로의 것이

아닌 것이다.

(「원근법」 부분: 405)

「원근법」은 지나간 시간을 깨닫는 자가 모든 것이 하나의 유기체로 연결되어 있다는 피안의 눈을 얻게 된다고 말한다. 인간의 눈은 가까이 다가서면 설수록 대상의 온전한 모습을 보지 못한다. 동시에 너무 멀어져도 그렇다. 여기서 거리는 시간의 거리를 뜻한다. 그래서 시적 주체는 필요한 것은 멀어져 간 시간에 대한 '상기'이며 상기를 통해 역사에 대한 깨달음이 필요하다고 말한다. 이 깨달음이 바로 4연에서 죽이던 자는 홀로 죽었고 죽은 이는 지금 우리와 함께 살아 있다고 표현된다.

시 「원근법」은 정진업의 역사 인식을 잘 보여주는 절창이라 하겠다. 그는 역사의 운동과 함께하여 자신을 희생한 자들의 불멸을 노래한다. 나아가 정진업은 시간이 흘러가면 갈수록 그들의 숭고한 희생은 우리 곁으로 가까이 돌아와 불멸하는 것이 역사가 보여주는 진실임을 말한다. 나아가 정진업에게 이 진실은 피안이 보여주는 진실이다. 모든 것이 함께 어우러져 있는 피안은 시인 정진업의 실존적 근원이 된다. 피안의 눈은 만년에 정진업이 자기성찰로 도달한 시의 눈이자 길이다. 시인 정진업은 "죽어서 되살아오는 건"「손톱」253 역사와 시인이라고 스스로 말한 대로 되살아 오는 시인이 되었다.

이선관

창동 네거리·II

바이칼 호수湖水 의 얼음 속보다
휘맑은
창동 거리의 쇼-윈도에
내 몸을 비춰 보다가

웃음이 인색한 사람들 사이에서
누구를 찾는 이도 없이
약속한 자者 도 없는데
서성거린다.

국민교 동기생同期生 들은
그냥 지나치고
오가는 이성異性 은 철철 넘치는 거리지만
여전히 결핍된 고독은
나눌 수는 없고

다 같은 대열에 서 있는 사람들 틈에서
같은 여권을 타지 못한 나는
한 번 더 소생蘇生 된 몸으로
소년시절少年時節을 보내고 싶다.

애국자 愛國者

빛이
어둠을 사르는
이른 새벽이었다.

문틈에선가,
창窓틈에선가,
벽壁틈에선가,
나의 침실 깊숙이 파고드는

동포여!
하는 소리에 매력魅力을 느끼다가
다시 한 번 귀 기울여 들어보니

똥퍼여?
하는 소리라
나는 두 번째 깊은 잠에 취해 버렸다.

헌법 제 일조 憲法 第一條

우리나라는 민주공화국民主共和國이다.
그렇다!

우리나라는 민주공화국이다.
그렇다니깐.

우리나라는 민주공화국이다.
그래······.

우리나라는 민주공화국이다.
······그래.

우리나라는 민주공화국이다.
······허긴 그래.

나는

나는 초지일관 初志一貫 으로 말을 하면
당신네들은 좆이 일관으로 알아 듣고

다시
나는 초지일관으로 말을 하면
당신네들은 다시 좆이 일관으로 알아 듣고

또 다시
나는 초지일관으로 말을 하면
당신네들은 또 다시 좆이 일관으로 알아 듣고

번개식당을 아시나요

자유를 수출한다는 지역이 아닌
수출을 자유롭게 한다는 지역에서
일하는 그녀들의 이름은
당국에서는 근로자라 부르고
노동청에서는 노동자라 부르고
누구는 기능공이라 부르고
누구는 산업전사라 부르고
누구는 여종업원이라 부르고
누구는 여공이라 부르고
누구는 공순이라 부르는데
그 지역 정문 아닌 후문에
정오만 되면 어김없이 나타나는
이동식 포장마차 대열
거기에 차려놓은
번개식당의 다양한 메뉴
1분 막국수 2분 짜장면 3분 김밥

어느 하릴없는 시민市民이 사진을 찍어
이 지방 신문에 게제되니
그로부터 며칠이 지났을까

포장마차 대열은 아파치 족에게
쫓겨났는지 퇴근시간이 지나도록
영영 나타나주지 않더이다

수출을 자유롭게 한다는 지역의
후문에는 쥐죽은 듯이 조용한 가랑비가
내리고 있더이다

그이는

이불 속에서 만세 부르는
의인義人이 있다

이불 속에서 만세 부르지 않는
의인이 있다

이불 속에서 만세 부를까 말까 하는
의인이 있다

이불 속에서 만세를 안 부르고 자꾸만 웃는
의인이 있다

이불 속에서 만세 부르지 않고 자꾸만 우는
의인이 있다

이불 속에서 만세는 부르지 않고 소주만 비우는
의인이 있다

이불 속에서 만세는 부르지 않고 염불만 외우는
의인이 있다

이불 속에서 만세는 부르지 않고 잠도 자지 않는
의인이 있다

이불 속에서 만세는 부르지 않고 잠만 자는
의인이 있다

이불 속에서 만세는 부르지 않고 꿈만 꾸는
의인이 있다

이불 속에서 만세마저 부르지 않고 죽어간 죽어간
의인이 있다

독수대 毒水帶

바다에서
둔탁한 소리가 난다
「이따이 이따이」*

설익은 과일은
우박처럼 떨어져 내린다
「이따이 이따이」

새벽잠을 설친 시민市民들의
눈꺼풀은 아직 열려지지 않는다
「이따이 이따이」

비에 젖은 현수막은
바람을 마시며 춤을 춘다
「이따이 이따이」

아아!
바다의 유언
「이따이 이따이」

*「이따이 이따이」는 일본 삼정금속광업소에서 나온 카드뮴에 오염된 강물을 댄 농작물을 먹고 카드뮴 중독증에 걸린 병명. 소위 「아프다 아프다」병.

독수대·3

나는 자연적自然的이다

푸른 옷을 입고

짬뽕 도시都市로 걸어가다가

맨홀에 빠진 존재存在

나는 그림자다

그림자뿐인 향수鄕愁다

맨홀에서 나오는 악령의 신음처럼

「이따이」「이따이」는

빌딩벽에 잿빛의 번져 나간다

독수대 · 4

금년 나이 22세

신장은 정확치 않으나 약 1m 정도

체중은 정확하게 13.4kg

성별은 여자

물론 눈도 보이지 않음 귀도 들리지 않음

냄새도 못 맡음

그러니까 출생 후 지금까지 움직이지 못하고

줄곧 누워 있음

영혼, 영혼은 어머니의 자궁 속에 두고 나옴

나를 낳으시고 산모 조리도 제대로 못하신 어머님은

영혼이 없는 나를 끌어안으시고 한없는 눈물을

흘리신답니다

쉬지 않고 「이따이」 「이따이」하면서 신음소리를

내는 나의 전신을 끌어안으시고……

체르노빌·1

아직까지도 체르노빌에는
사람이 살고 있다네
이주를 하지 못한 사람과
이주를 했다가 태어난 곳에서 죽겠다며
돌아온 사람이라네
그러나 그네들은 모두 영혼이 없다네
영혼이 이미 달아나고 없는
그림자 사람들이라네
그림자 사람 중에 남의 몸에는
살아 있어야 할 고환 속의 정충이
죽어 있다네
그림자 사람 중의 여자의 몸에는 정충을
받아들일 애기집이 망가졌다네
황석영 씨의 글
그곳에 사람이 살고 있었네가 아니라
아직까지도 체르노빌에는
사람이 살고 있다네

체르노빌·3

세상에
하늘 우러러 한 점 부끄럼 없이
살다가 그것도 감방에서
아까웁게 정말 아까웁게
일찍이 요절한 성스러운 시인이
자랑스럽게도 지구촌 동쪽 편
이 땅에 있었으니
그의 이름을 부르면 부를수록
빛이 나는 윤 동 주 선생
그러나
아무리 하늘 우러러보아도, 보아도
부끄럼만 남는 지역이
지구촌 서쪽 편에 있으니 그 지역의
이름을 부르면 부를수록 잊어버리고픈
신이 버린 땅 구 러시아의
체르노빌

살이 살과 닿는다는 것은

살이 살과 닿는다는 것은
참 좋은 일이다
가령
손녀가 할아버지 등을 긁어 준다든지
갓난애가 어머니의 젖꼭지를 빤다든지
할머니가 손자 엉덩이를 툭툭 친다든지
지어미가 지아비의 발을 씻어 준다든지
사랑하는 연인끼리 입맞춤을 한다든지
이쪽 사람과 위쪽 사람이
악수를 오래도록 한다든지
아니
영원히 언제까지나 한다든지, 어찌됐든
살과 살이 닿는다는 것은
참 참 좋은 일이다.

만약 통일이 온다면 이렇게 왔으면 좋겠다

여보야

이불 같이 덮자

춥다

만약 통일이 온다면 이렇게

따뜻한 솜이불처럼

왔으면 좋겠다

내가 사는 방

내가 사는 4만 원 단칸방은
중국집 가게로 드나드는 대문 없는 집이지만
내 작은 녀석 말마따나
이 근방에선 마당이 제일 너른 집이지요
봄이 오면,
목련꽃이 피고 목련꽃이 피고 지면
복사꽃이 피고 복사꽃이 피고 지면
동백꽃이 피고 동백꽃이 피고 지면
앵두꽃이 피고 앵두꽃이 피고 지면
감꽃이 피고,
사시사철 피고 피고 지는 꽃을 따라
쑤욱쑥 자라는 내 두 녀석을 볼 때마다
떳떳함을 느끼는 나의 방은
두어 평도 안 되는 단칸방이지만
아침부터 저녁까지 일년 내내
찾아오는 사람들로 붐비지요
칠순 넘은 나이로 문학 수업을 하시는
할머니도 찾아오시고
스님도 전도사도, 심심하면
대공과 그 양반들도……

내 사랑하는 두 녀석과
함께 사는 나의 방은 정말
사랑을 주고받는 사랑방이지요.

마산, 그 창동의 허새비

다시 의미 있는 도시가 된
이 고장의 자랑스러운 창동 네거리
그 십자로를 중심으로 하여
반경 오백 미터는
당신의 영역이다

여기서 태어났는데
여기서 노래하다가
여기서 죽겠다는 다짐
그러니깐 반경 오백 미터 이 거대한
영역은
당신의 무덤이다 부활이다

서울의 그 누군가를
명동 백작이라 했던가
당신은 창동 공작이라 하던데

아니다 아니다
당신은 분명
창동 허새비다

봄에 되살아나
겨울 논두렁에 활활
불태워지는 활활 부활이다
마산, 그 창동의 숨쉬는 허새비다

보통시민 市民

스산한 오후
이사한 지 6년만인데
오늘도 옛날 철길을 따라
시내 市內로 향하는 내 발걸음은
뜬구름을 딛고 가는 것처럼 불안하다

문득문득
세계를 걱정하고
민족을 생각하고
가정을 고민하고
이웃을 사랑하고
그렇게 하다가 하다가 하다가

사치다 방탕이다 위선이다 허무다
사기다 기만이다 육백이다 허구다
주택복권이 될 수 없음을 알고 알다가
바보다 천치다 축구다 뻐꾸기다

어느새 시내로 나온 나는
창동 십자로에 서서

처용가를 부른다
처용춤을 춘다

겁나는 종이호랑이
-『길』6월호「세계의 진보 사이트」를 읽고

말도 어눌하게 하고 문장력도 부족한 내가

제기랄 낙서를 해 봤는데 내용인즉

세계 제일의 경찰이라고

자타가 공인하는

미국의 항공모함 니기미 니미츠 호와

또 미국의 항공모함

좆이 위신통 조지 워싱턴 호는

바닷물이 넘실대는 해도를 따라

마치 성감대를 아낌없이 건드리며

헤쳐가듯이

페르시아만이 아닌 구멍 깊숙이

들어가고 있었다네

겁나는 종이호랑이 터미네이터

역시 마산은 이 땅의 변방이 아니라는…

한 번 의미를 찾았고
다시 의미를 찾았고
또다시 의미를 찾으려는
이 고장의 자랑스러운
창동 네거리에서 고개를 서쪽으로
돌려 보고 시외 주차장으로
건노라면 우뚝 멈춰지는 발걸음
여기 구암동 애기봉 중턱
아직도 두 눈 부릅뜨고 누워 있는
아 1960년 3월 15일 그날
죽어도 살아 있음이여
마산의 열두 제자들
그 이름을 기억하라
김영길 김용실 김영준 김영호
김효덕 김종술 김삼웅 김주열
김평도 김의규 오성원 강융기
우리는 잃어버리진 않는다
역시 마산은
마산의 열두 제자가 있는 한
이 땅의 변방이 아니라는 걸
알고 만다.

척박한 이 땅에 땅심을 북돋아 주기 전에

척박한 이 땅에 땅심을

북돋아 주기 전에

먼저

자랑스러운

이 고장의 땅심을 북돋아 줘야 해요

그럴려면

겨자씨보다 작은 씨앗을

뿌려 놓으세요

조금만 참으면

아주 거대한 뿌리가 놀랍게도

튼튼하게 자랄 거예요

거대한 뿌리는

남으로는 남해의 대륙붕을 지나

한라까지 뻗어나겠고

동으로는 동해의 파도 밑으로 하여 울릉도로

서쪽으로는 지리를 지나 무등까지

그리고 북으로는

태백을 지나

무엇 가지고도 깨어지지 않을 듯한

분단 45년의 저 휴전선의 단단한

지층을 단번에 뚫고
거대한 뿌리는
압록과 두만과
그 사이 백두에서
자리를 잡겠지요
그러면
오오 그러면
삼천리 금수강산
삼천리 금수강산

평설

휴머니즘과 근원적 생명 감각의 시

이선관은 근대도시 마산의 민주주의 정신을 상징하는 시인으로 꼽힌다. 작고한 녹색 사상가 김종철은 이선관의 시「살이 살과 닿는다는 것은」을 "서구적 엘리트 문화 감각의 저변에 깔려 있는 자의식이나 분별심 같은 것으로는 도저히 짐작도 할 수 없는 근원적인 생명 감각"이 바탕을 이룬다고 평하였다.[20] "근원적인 생명 감각"은 시「살이 살과 닿는다는 것은」의 개별 시 한 편을 넘어 이선관 시 세계 전체의 바탕을 이룬다고 하겠다. 이선관의 시 세계를 관통하는 주제는 민주주의, 생명, 통일이다. 이러한 주제를 일관되게 추구할 수 있었던 것은 바로 이선관이 가졌던 근원적인 생명 감각이기 때문이다.

---

[20] 김종철,「시의 구원, 삶의 아름다움 - 이선관 시에 대하여」,『시적 인간과 생태적 인간』, 삼인, 1999. 94쪽. 마산대학 학생 이선관과 마산고등학교 학생 김종철은 이른바 문청으로 서로 교유하던 사이였다(김종철, 앞의 글). 배대화,「마산일보와 이선관 시인, 김종철(『녹색평론』) 선생, 미발굴 시 - 생태주의자 이선관 시인과 김종철 선생의 시원 -」,『이선관 시인 18주기 문학심포지엄』, 이선관시인기념사업회, 2023, 참고.

이선관은 어릴 때 백일해를 치료하기 위해 복용한 한약의 부작용으로 뇌성마비를 앓았다. 그 후유증으로 이선관은 평생 말이 어눌하고 몸놀림이 부자연스러운 장애를 갖게 되었다. 유고 시집 『나무들은 말한다』까지 13권의 시집을 발간한 이선관의 첫 시집 제목이 『기형의 노래』[1969]인 것은 바로 장애인으로서의 자의식에서 비롯된 것이다. 두 번째 시집의 제목은 『인간선언』이다. 시 「인간선언」에서 시적 주체는 "나를 향해 인간 선언을 할 때가 왔네"라고 "인간 본래의 위치로 돌아가기 위한 인간 선언"을 하고 싶다고 외친다.[21] 시인의 개인사를 생각하면 장애인으로서의 고독, 소외 등을 떨치고 한 사람의 인간이 될 것을 말하고 있는 것으로 보이지만 실제로는 인간을 인간답지 못하게 만드는 모든 것을 떨치고 인간다운 인간이 되어야 한다고 말한다. 이선관의 시 세계를 관통하는 주제인 민주주의, 생명, 통일은 바로 이선관의 인간다운 인간을 지향하는 휴머니즘에서 비롯된다.

기형의 현실에 대한 시적 도전 - 민주주의를 위하여

이선관이 1942년에 태어나 2005년 죽기까지 우리 사회는 일제의 지배, 전쟁, 분단, 독재로 이어지는 비극적이고 극심한 고통을 겪었다. 그는 고등학교 졸업을 앞둔 시점에 이승만 독재 타도를 위해 3·15 마산의거의 시위에 참가하였다. 이 시위의 체험은 그의 시 세계의 하나

---

21) 이선관, 『이선관 시 전집』, 배대화·우무석 편, 불휘미디어, 2015, 126쪽. 이하 본문에서의 인용은 쪽수만 표기하겠다.

의 기원을 이룬다. 10·18 부마민주항쟁 때는 시위에 나선 경남대 학생들의 정신적 지주였다.

　이선관의 민주 시편에서 대표적인 작품이 「애국자」와 「헌법 제1조」이다. 이선관은 1971년 『씨올의 소리』 10호에 「애국자」를, 1972년 4호에 「헌법 제1조」를 발표하였다. 당시 정국은 3선 개헌으로 대통령이 된 박정희가 영구집권을 꿈꾸며 유신을 획책하던 시기로 독재체제가 강화되고 있었다. 『씨올의 소리』 주간이었던 박선균은 "시 「애국자」가 독자에게 엄청난 충격과 감동을 주었다는 소리가 필자의 귀에까지 들려왔다"고 회고하였다.[22)]

　　빛이
　　어둠을 사르는
　　이른 새벽이었다.

　　문틈에선가,
　　창틈에선가,
　　벽틈에선가,
　　나의 침실 깊숙이 파고드는

　　동포여!
　　하는 소리에 매력을 느끼다가
　　다시 한 번 귀 기울여 들어보니

---

22) 박선균, 『〈씨올의 소리〉 이야기』, 도서출판 선, 2005, 116쪽.

똥퍼여?

하는 소리라

나는 두 번째 깊은 잠에 취해 버렸다.

(「애국자」 전문: 114)

  첫째 연에서 셋째 연의 첫 행까지 리듬은 상승하면서 장중한 느낌을 자아낸다. 셋째 연의 "동포여!"라고 외치는 직후 리듬은 급락하여 "하는 소리에…"부터 일상적인 산문조로 변한다. 이 리듬의 차이가 이선관 특유의 기법인 시 텍스트의 토폴로지Topology를 만들어낸다.[23] 토폴로지의 첫 번째 부분은 장중한 리듬으로, 두 번째 부분은 산문적 리듬으로 구성되어 있다.

  당시 박정희는 한국적 민주주의라는 사이비 정치 슬로건으로 민주주의를 억압하고 있었다. 이선관은 한민족이라는 감성에 호소하던 사이비 민주주의의 구호 "동포여"와 "똥퍼여"를 대립시킨다. 장중한 리듬은 한국적 민주주의라는 제3공화국 이데올로기의 권위주의의 어조를 표상한다. "똥퍼여"로 대변되는 두 번째 토폴로지의 산문조는 일상의 삶을 표상한다.

  "똥퍼여"는 1970년대 한국의 화장실 문화에서 비롯된 말이다. 당시 도시든 시골이든 대부분의 화장실변소은 일명 '퍼세식'이었다.[24] 가짜

---

[23] 구 소련의 문화기호학자 유리 로트만은 위상수학의 용어 토폴로지를 빌어와 자신의 문화기호학에서 문화의 다양한 기호체계들을 만들어내는 공간적 구조를 설명하는 용어로 사용하였다. 본문의 토폴로지는 유리 로트만의 토폴로지 개념을 빌어온 것으로 시 텍스트의 의미를 빚어내는 내적인 공간적 구조를 뜻한다.

[24] 집의 후미진 곳에 설치한 변소에 분뇨가 차오르면 집 밖으로 터놓은 구멍을 통하여 분뇨를 퍼서 수거해 갔다. 그 당시 도시에서 분뇨를 수거하는 똥장군들이 골목을 돌

민족주의, 가짜 민주주의의 구호 "동포여!"가 "똥퍼여?"라는 조소로 마무리되면서 사이비가 자아내는 긴장도 소멸한다. 생명을 위하여 먹는 음식은 똥이 되어 자연으로 돌아간다. 즉 똥은 생명을 유지하는 사이클의 한 부분을 이루는 몸의 언어를 비유한다. 즉 동포를 앞세운 사이비 민주주의 이데올로기가 중요한 것이 아니라 "똥"으로 상징되는 생명과 몸이 중요하다는 근본적인 생명 감각이 이 시에 숨어 있다.

「애국자」에 이어 이듬해 『씨올의 소리』에 발표된 「헌법 제1조」는 유신으로 치닫던 박정희 독재권력을 비판한다.

우리나라는 민주공화국이다
그렇다!

우리나라는 민주공화국이다.
그렇다니깐.

우리나라는 민주공화국이다.
그래…….

우리나라는 민주공화국이다.
……그래.

우리나라는 민주공화국이다.
─────────────────────
아다니며 "똥퍼여"하면서 외치고 다녔다.

……허긴 그래.

　(「헌법 제1조」전문: 159)

　「헌법 제1조」에서 시적주체는 대한민국의 헌법 제1조 1항인 "대한민국은 민주공화국이다"를 빌어와 "우리나라는 민주공화국이다"라고 말한다. 그러나 이 외침에 응답은 처음에는 "그렇다!"라고 당당하게 말하다가 "그렇다니깐", "그래……", "……그래", "……허긴 그래"로 점점 기어들어 간다. 이에 반비례하여 "우리나라는 민주공화국이다"는 점점 목소리가 높아간다. 점점 커지는 "우리나라는 민주공화국이다"라는 발화와 점점 희미해지는 "그렇다"의 파생어 응답의 대비가 이 시의 주요한 시적 장치이다. 이 높아져 가는 발화와 희미해지는 발화의 대비를 통하여 「헌법 제1조」는 70년대 초 박정희 정권이 위헌적인 독재정권임을 풍자한다. 단 몇 개의 어휘로 박정희 독재를 비판하는 촌철살인이다. 10월 유신 전야라 할 수 있는 1972년 4월에 발표된 이 시는 죽어가던 민주공화국을 애도하는 만가가 되었다.

　시집 『보통시민』에 실린 시 「말을 해야 해요」는 1978년 4월에 쓴 것으로 부기되어 있다. 박정희의 유신 독재정권이 말기로 접어든 때이며 소위 1호부터 9호까지의 긴급조치로 시민들의 헌법적 권리를 빼앗고 억압하던 때이다. 독재정권에 대하여 시적 주체는 시민들에게 진실을 말해야 한다고 간곡히 요청한다.

　말을 해야 해요
　말을 해야만 해요

해마다 어김없이 찾아온 봄의 문턱에서
임금님의 귀는 사람의 귀가 아니라 해야 해요
그러나 말을 잃었어요 말을 잃었는 걸요
귀는 멀쩡한데 왜 말을 잃었을까요
말을 찾아야 해요 잃어버린 말을 찾아야 해요
말을 찾으려면 두엄덩이를 파헤쳐야 해요
썩은 똥덩어리를 헤집어야 해요
거기서 신비로운 밀알을 발견해야 해요
새순이 돋아난 밀알을 가슴에 품어야 해요
그러면 닫혀진 가슴문은 열려질 거예요
말문은 저 봇물 터지듯 터질 거예요
그러나 참으세요 말을 하기 전에
저자거리로 나와야 해요
꾀죄죄한 이불을
걷어차고 나와야 해요

(「말을 해야 해요」부분: 264)

해마다 찾아오는 봄의 문턱은 3·15 마산의거와 4·19 혁명을 암시한다. 시적 주체는 우화를 빌어와 진실을 말해야 한다고 요청한다. 독재에 대항하여 비판의 목소리를 높여야 한다고 요청한다. 민중들이 말을 잃어버린 까닭은 누군가가 말을 뺏어가 독점하기 때문이다. 예로부터 말은 권위였고 말하는 자는 권력자였다. 민주주의 이후 민중도 공식적으로 말을 할 수 있는 권리를 획득했다. 시적 주체가 표현하는

"신비로운 밀알"은 진실을 말하는 말이다. 여기에는 거짓의 말이 전제되어 있다. 독재권력은 민중의 진실된 말을 빼앗아 그것을 거짓된 말로 바꾸어 민중에게 오로지 듣고 복종하기만을 강요했다. 이것이 박정희 유신공화국의 독재권력이 만들어낸 상황이다. '유신'이라는 말 자체가 아이러니였고 박정희 독재 권력이 스스로가 거짓임을 만천하에 공언하는 거짓말이었다. 이에 반해 민중의 진실한 말 즉 신비로운 밀알은 두엄덩이나 썩은 똥덩어리 속에 있다. 두엄덩이나 똥덩어리는 몸의 이미지이다. 진실한 말은 몸의 언어이다. 이 말은 밀알이기 때문에 생명을 지닌 말이다.

　독재는 시민들의 생각과 육체를 속박한다. 독재는 꾀죄죄한 이불로 비유된다. 비록 꾀죄죄하여도 이불이라 덮으면 따뜻하다. 독재는 그렇게 사람의 육체를 속박한다. 그래서 시적 주체는 독재 권력의 관념적이며 권위주의적인 거짓의 말이 아니라 속박된 육체를 자유롭게 만들 육체의 말을, 저잣거리로 광장으로 나와서 절박하게 외칠 것을 "보통시민"들에게 주문한다. 위헌적인 독재 권력을 타도하고 민주주의의 회복을 위해 행동에 나설 것을 요청하는 것이다.

　이선관의 시 「그이는」262-263을 보면 "이불 속에서 만세는 부르지 않고 잠만 자는 의인", "이불 속에서 만세는 부르지 않고 꿈만 꾸는 의인", "이불 속에서 만세마저 부르지 않고 죽어간 죽어간 의인" 등 9명의 "이불 속에서 만세를 부르지 않는 의인"이 등장한다. 262-263 독재가 시민들의 말할 자유를 억압한 상황을 이불 속에서도 만세를 부를 수 없는 상황으로 풍자한다. 말을 할 수 없는 평범한 시민들이 의인이다. 이 의인들에게 "이불을 걷어차고" 나올 수 있는 용기를 촉구한다. 「그이는」과 「말을 해야 해요」는 당시의 검열을 우회하고자 우화를 빌어온 이선관의 풍자가 돋보인다. 「그이는」는 1978년 『합포문학』 11월 15일에 발표되었다.[25] 이로부터 11개월과 하루가 지난 1979년 10월 16일 부산, 18일 마산에서 일어난 10·18 부마민주항쟁으로 유신공화국은 무너졌다. 부마민주항쟁은 1980년 5월의 봄과 광주항쟁으로 이어졌다.

평범한 시민과 사회적 약자에 대한 사랑은 이선관 시 세계를 관통한다. 시 「번개식당을 아시나요」에서 이선관은 마산수출자유지역의 공장으로 모여든 어린 여공의 삶을 위로한다.

> 자유를 수출한다는 지역이 아닌
> 수출을 자유롭게 한다는 지역에서
> 일하는 그녀들의 이름은
> 당국에서는 근로자라 부르고
> 노동청에서는 노동자라 부르고
> 누구는 기능공이라 부르고
> 누구는 산업전사라 부르고
> 누구는 여종업원이라 부르고
> 누구는 여공이라 부르고
> 누구는 공순이라 부르는데
> 그 지역 정문 아닌 후문에

---

[25] 시집 『독수대』에는 시 「그이는」은 1980년 『합포문학』에 실린 것으로 부기되어 있으나 실제로는 1978년 『합포문학』(52쪽)에 실려 있다. 이선관의 착오로 보인다.

정오만 되면 어김없이 나타나는
이동식 포장마차 대열
거기에 차려놓은
번개식당의 다양한 메뉴
1분 막국수 2분 짜장면 3분 김밥

어느 하릴없는 시민이 사진을 찍어
이 지방 신문에 게재되니
그로부터 며칠이 지났을까
포장마차 대열은 아파치 족에게
쫓겨났는지 퇴근시간이 지나도록
영영 나타나주지 않더이다

(「번개식당을 아시니요」 부분: 240-241, 초출, 『씨올의 소리』 1979. 9)

1970년대 중반부터 마산은 전국에서 마산수출자유지역으로 모여든 노동자들로 북적였다. 특히 10대 후반에서 20대 초반의 여공들이 많았다. 이들은 저임금과 열악한 노동환경으로 고된 삶을 살고 있었다. 시적 주체는 여공들을 바라보는 다양한 호명들을 나열한다. 산업 전사에서 공순이까지. 산업 전사는 수출드라이브 정책을 펼치던 정부의 이데올로기가 만든 호명이다. 이 호명으로 여공은 산업 전사로서 사회적으로 주체화된다. 수출드라이브 정책과 경제개발의 이데올로기에 의한 이 호명은 여공이 처한 엄혹한 노동현장과 그들의 삶을 왜곡하고 은폐한다. 이에 반해 공순이는 당시 여공을 바라보던 사회적 멸

시를 드러낸다. 이선관은 이데올로기적 호명에 의해서 어떻게 개인의 사회적 주체화가 이루어지는지 그리고 그것이 어떻게 현실을 왜곡하고 은폐하는지에 대하여 다양한 호명을 통하여 폭로하고 있다.

번개식당은 여공들이 간단하게 끼니를 때우던 포장마차로서, 당시 마산수출자유지역 후문 부근의 어린교 일대에 늘어서 있었다. 시적 주체가 인용하는 메뉴의 가격은 동일하다. 바쁜 사람은 막국수로 그나마 잠깐이라도 시간이 있으면 김밥이다. 시적 주체는 아무런 감정의 개입 없이 현실을 오로지 객관적으로 재현할 뿐이다. 리얼리즘의 극치이다. 「번개식당을 아시나요」는 당시 마산에 모여든 여공들의 고달픈 삶에 바치는 헌사이다.

독재에 대한 비판과 풍자를 서슴치 않았고, 평범한 시민과 사회적 약자를 사랑하였던 이선관의 민주주의 정신은 고등학생으로서 3·15 마산의거의 시위에 나선 체험에서 비롯하며 그 뿌리는 바로 인간에 대한 사랑 즉 휴머니즘이다.

_____ 통일에의 염원

민주주의와 함께 이선관 시 세계의 주요한 부분을 차지하는 주제가 통일이다. 민주 시편에서 이선관이 형상화하는 몸의 언어는 통일 시편에서 보다 분명하게 표출된다. 장애인이었던 이선관은 분단을 민족의 장애로 여겨 시로써 치유하려고 하였다.

> 살이 살과 닿는다는 것은
> 참 좋은 일이다
> 가령
> 손녀가 할아버지 등을 긁어준다든지
> 갓난애가 어머니의 젖꼭지를 빤다든지
> (……)
> 이쪽 사람과 위쪽 사람이
> 악수를 오래도록 한다든지
> 아니
> 영원히 언제까지나 한다든지, 어찌됐든
>
> (「살이 살과 닿는다는 것은」 부분: 285)

 시집 『살이 살과 닿는다는 것은』1989의 표제가 된 이 시는 이후에 발표되는 통일 시편의 전형이 된다. 제목 "살이 살과 닿는다는 것"을 읽어 보면 어색하다. 보통은 "살과 살이 닿는다는 것"으로 발화된다. 그런데 마치 "살이"가 불쑥 튀어나와 굴러오는 느낌이다. 이 어색함으로 살이 강조된다. 살이 강조되면서 낯설게 하기 효과가 발생한다. 살, 즉 몸이 중요하다는 것이다. 손녀와 할아버지, 갓난애와 어머니, 지어미와 지아비 사이에서 볼 수 있는 몸과 몸으로 표현되는 원초적인 사랑이야말로 통일을 이루는 바탕이라고 이선관은 노래한다.
 이후 통일을 주제로 하는 시는 시집 『창동 허새비의 꿈』1994에 실린 「남철이와 북순이」, 「진달래」, 「아이가 어른에게 들려주는 동시·1」을 비롯하여 이후의 시집에서도 계속 발표되었다. 이선관의 통일 시편에서도 널리 알려진 시는 시집 『오늘 우리는 그대 곁으로 간다』 2000에 실린 「만약 통일이 온다면 이렇게 왔으면 좋겠다」이다.

> 여보야
> 이불 같이 덮자
> 춥다
> 만약 통일이 온다면 이렇게
> 따뜻한 솜이불처럼
> 왔으면 좋겠다
>
> (「만약 통일이 온다면 이렇게 왔으면 좋겠다」 전문: 596)

이 시는 2000년 제1회 통일부 제정 〈통일문학공로상〉을 이선관에게 안겼다. 이 시는 매우 단순하고 소박하다. 동시에 이선관 특유의 시적 구성을 보여 준다. 이 시의 토폴로지는 두 부분으로 구성되어 있는데 세 번째 행까지가 첫 번째 부분이고 나머지가 두 번째 부분이다. 첫 부분은 일상적 언어로 즉 일상적 시간의 토폴로지이며, 두 번째 부분은 염원을 노래하는 미래의 이상적인 시간을 표현하는 토폴로지이다. 두 부분은 "따뜻한 솜이불"로 이어져 있다. 첫 번째 부분은 일상적인 구어적 리듬이나 두 번째 부분이 시작되는 4번째 행에서부터는 시적 톤은 일순 장중한 리듬 비장미를 강하게 드러내었다가 부드럽게 마무리된다. 이리하여 갑자기 들어온 "통일"이 강렬한 이미지를 자아낸다. 이러한 시적 구성은 소박한 내용과 대비되면서 뛰어난 예술적 완성도를 보여 준다. 그가 쓴 많은 통일시들은 보통 사람의 소박한 언어로 표현되어 있다. 이선관에게서 민족의 통일은 보통 사람의 삶의 연장이었고 그 삶에 대한 사랑이었다.

생명 문학의 여정 - 〈독수대〉에서 〈체르노빌〉 연작시로

〈독수대〉 연작시

18세기 산업혁명이 가져온 물질문명의 비약적인 발전은 인류의 삶을 풍요롭게 만들었으나 동시에 그 발전은 아이러니하게도 인류의 생존을 위협하는 지경에 이르렀다. 산업화가 초래한 기후 위기는 이미 불가역적인 상태로 들어섰다는 경고가 연일 들려온다. 이러한 시대에 대한 응전으로 생태시, 생명시라는 범주의 시가 나타났다. 본래 시를 비롯한 예술이란 인간의 사유와 생명력을 높이는 것인데 생태시, 생명시를 따로 두어 말한다는 사실 자체가 기후 위기, 환경 위기, 핵 위기 등의 심각성을 드러낸다.

1975년 10월 14일 『경남매일신문』에 마산만 오염을 비판하는 이선관의 시 「독수대」가 게재되었다. 한국 현대시에서 환경오염을 비판하는 첫 번째 시였다. 당시 마산만의 오염은 전국적인 사회문제로 부상하고 있었다. 오염된 마산만의 바다는 독수대라 불렸고 한국 사회가 환경문제를 거의 처음으로 대면한 사건이었다. 당시 동아일보는 "각종 공장에서 흘러나오는 폐수와 마산항을 드나드는 각종 선박의 폐유, 갑자기 늘어난 인구로 쏟아지는 생활 오수로 마산항은 검고 더러웠다. 마산에서 푸른 바닷물을 구경하려면 배를 타고 적어도 8㎞ 가

량은 밖으로 나가야한다"고 보도하였다.[26]

바다에서
둔탁한 소리가 난다
「이따이 이따이」[27]

설익은 과일은
우박처럼 떨어져 내린다
「이따이 이따이」

새벽잠을 설친 시민들의
눈꺼풀은 아직 열려지지 않는다
「이따이 이따이」

비에 젖은 현수막은
바람을 마시며 춤을 춘다
「이따이 이따이」

아아

---

26) 동아일보는 1975년 9월 8일부터 10일까지 〈'맑은 내일'을 위하여〉라는 제하에 제1부 〈오염의 실태〉에서 3번째 기사로 마산과 진해를 다루고 있다.
27) 「이따이 이따이」는 일본 미쓰이(三井) 금속광업소에서 나온 카드뮴에 오염된 강물로 생산된 농작물이 일으킨 카드뮴 중독증의 병명에서 이선관이 따왔다. 중독된 환자들이 너무 아프고 고통스러워 단지 "아프다 아프다"의 일본어인 "이타이 이타이"로 연신 신음을 하였다고 해서 '이타이 이타이' 병으로 불렸다.

바다의 유언
「이따이 이따이」

(「독수대」 전문: 182-183)

"이따이"는 일본의 미쓰이 금속의 카드뮴 오염으로 발생한 '이타이 이타이 병'에서 따왔다. 이웃 나라 일본에서 벌어진 사건에서 따온 "이따이"라는 시어로 이선관은 마산만의 오염이 단순한 한국의 문제가 아니라 인류가 발달시킨 산업문명이 가져온 재앙이라는 인식을 독자들에게 보여 주고 있다.

「독수대」가 묘사하는 광경은 매우 충격적이다. 오염된 바다는 "이따이"라고, "아프다"고 끊임없이 절규한다. 바다에서 들려오는 절규에 놀란 듯 과일이 우박처럼 쏟아지고 사람들은 새벽잠을 뒤척이며 눈을 뜰 수 없다. 거리에 내걸린 현수막도 비에 젖어 축 늘어진 채 바람에 펄럭일 뿐이다. 바다의 절규는 농장, 침실, 거리 곳곳에서 울려 퍼진다. 유기체에서 무기체까지 생명력을 상실하고 고통스러워한다. 바다의 절규는 자신을 오염시킨 육지의 인간들을 향한 저주처럼 무시무시하다. 무겁고 섬뜩한 공포로 가득 찬 지구 종말의 분위기가 시 「독수대」를 휘감는다. 「독수대」는 1970년대 한국 시사에서 불쑥 튀어나온 생태시였다. 1970년대 한국 시에서 환경오염을 고발하거나 비판하는 전례가 없었다. 이른바 효시임에도 불구하고 「독수대」가 표현하는 시적 형상화는 경이롭다. 한국 생태시의 효시가 곧바로 절창이 되었다.

시 「독수대」는 한 편으로 끝나지 않았다. 이선관은 「독수대·2」, 「독수대·3」,「독수대·4」,「독수대·5」를 계속하여 발표하였고 이 네 편의 〈독수대〉는 그의 네 번째 시집 『보통시민』[1984]에 실렸다.

1977년 11월에 쓴 것으로 부기되어 있는 「독수대·3」에서는 산업도시 마산이 오염시킨 물이 시적 화자로 나선다.

나는 자연적이다
푸른 옷을 입고
짬뽕 도시로 걸어가다가
맨홀에 빠진 존재
나는 그림자다.
그림자뿐인 향수다.
맨홀에서 나오는
악령의 신음처럼
이따이 이따이는
빌딩 벽에
잿빛으로 번져 나간다.

(「독수대·3」 전문: 269)

시적 화자 '나'는 원래 자연의 물이었다. 푸르고 깨끗한 물이 산업화의 온갖 폐해로 '짬뽕'처럼 혼탁해진 마산을 거치면서 맨홀에 들어갔을 때는 이미 실체가 사라진, 즉 자연이 사라진, 그림자에 지나지 않았다. 사라진 자연은 말 그대로 "향수"로만 남았다. 자연이 사라진 그림자가 맨홀에서 도로 나와서 악령처럼 도시 마산을 집어삼킨다. 시는

'나'가 짬뽕 도시를 걷다가 맨홀에 빠지는 4행까지는 마치 코메디 같이 우스꽝스런 분위기로 리듬감도 경쾌하다. 그러나 곧 분위기는 종말론적 공포가 전경화하면서 바뀐다. 마치 종말에 이르는 인간 군상의 처절함을 그려놓은 한 폭의 그림을 보는 듯하다. 1행에서 6행까지와 7행에서 마지막까지의 두 부분으로 이루어지는 대비적인 토폴로지 구성을 통하여 환경파괴의 심각성을 경고하는 이선관의 기법이 돋보인다.

「독수대·4」는 일본의 수은 중독으로 발생한 일명 미나마타 병의 희생자인 도모코_{智子}에게 바치는 헌시이다. 도모코가 겪는 미나마타 병의 참상은 세계적인 보도 사진작가 유진 스미스의 사진 「목욕하는 도모코와 어머니」_{1972년}로 세계적으로 알려졌다.

이선관은 「독수대」를 "쓰기 한 달 전에……보도 사진기자인 유진 스미스가 찍은 '도모코를 목욕시키고 있는 어머니'란 사진을 보고 받은 충격으로 「독수대」을 썼고 그 사진의 영상을 「독수대·4」로 시화하였다"라고 밝혔다.[941]

    금년 나이 22세.
    신장은 정확치 않으나 약 1m 정도.
    체중은 정확하게 13.4kg.
    성별은 여자.
    물론 눈도 보이지 않음 귀도 들리지 않음
    냄새도 못 맡음
    그러니까 출생 후 지금까지 움직이지 못하고

줄곧 누워 있음

영혼, 영혼은 어머니의 자궁 속에 두고 나옴

나를 낳으시고 산모 조리도 제대로 못하신 어머님은

영혼이 없는 나를 끌어안으시고 한없는 눈물을

흘리신답니다.

쉬지 않고 「이따이」「이따이」하면서 신음소리를

내는 나의 전신을 끌어안으시고……

(「독수대·4」 전문: 270)

「독수대·4」 역시 시의 토폴로지가 9행부터 나누어진다. 1행부터 8행까지의 첫 번째 부분은 매우 이상하고 건조한 자기소개의 형식이거나 신문 기사의 형식이다. 참혹하다. 사진과 신문 기사를 본 독자라면 쉽게 이해가 되겠지만 그렇지 않은 독자는 의아할 것이다. 그래도 '독수대'라는 제목과 '이따이'로 심각한 환경오염의 폐해를 입은 일본인이라는 정도는 떠올릴 수 있을 것이다.

두 번째 부분은 도모코가 시적 화자로 등장하여 그녀가 목소리를 들려주는 형식을 취한다. 물론 시인의 상상이다. 그러나 그 내용은 상상이 아니다. 참혹하고 비극적인 사건을 겪고 있는 생명에 대해서 시인은 그저 희생자의 목소리를 들려준다. 세 번 반복되는 '영혼이 없다'는 표현에서 도모코의 참혹한 비극이 고조된다. 동시에 직접 화자로 등장하여 말하는 도모코의 목소리로 인하여 '영혼이 있다'라는 아이러니가 발생한다. 도모코의 목소리를 들려주는 것 외에 시가 할 수 있는 일이 무엇이 있겠는가?

〈체르노빌〉 연작시

1986년 구 소련 시절에 일어난 우크라이나의 체르노빌 핵발전소 폭발 사건은 우크라이나와 벨라루시의 수많은 사람들을 죽음으로 몰아넣었다. 40년 가까이 지났지만 아직도 그 지역은 인간이 살 수 없다. 이선관은 체르노빌 사건을 주제로 하는 13편의 〈체르노빌〉 연작시를 남겼다. 1편에서 6편은 시집 『오늘 우리는 그대 곁으로 간다』2000에, 7편부터 12편까지는 『배추흰나비를 보았습니다』2002에 마지막인 13편은 『지금 우리들의 손에는』2003에 실렸다.

먼저 「체르노빌·1」을 살펴보자.

> 아직까지도 체르노빌에는
> 사람이 살고 있다네
> 이주를 하지 못한 사람과
> 이주를 했다가 태어난 곳에서 죽겠다며
> 돌아온 사람이라네
> 그러나 그네들은 모두 영혼이 없다네
> 영혼이 이미 달아나고 없는
> 그림자 사람들이라네
> 그림자 사람 중의 남자 몸에는
> 살아 있어야 할 고환 속의 정충이
> 죽어 있다네
> 그림자 사람 중의 여자 몸에는 정충을
> 받아들일 애기집이 망가졌다네

> 황석영 씨의 글[28]
>
> 그곳에 사람이 살고 있었네가 아니라
>
> 아직까지도 체르노빌에는
>
> 사람이 살고 있다네
>
> (「체르노빌·1」 전문: 562)

「체르노빌·1」에서 '사람'이란 낱말이 8번 나온다. 전체 17행이니 한 행 건너 '사람'이라는 낱말이 나오는 꼴이다. 이 시가 수록된 시집 『우리는 오늘 그대 곁으로 간다』가 2000년에 발간되었고, 그 앞의 시집 『지구촌에 주인은 없다』가 1997년에 나왔으니 적어도 이 시는 1997년 이후에 쓴 시로 추정할 수 있다. 체르노빌 사고 이후 10여 년이 지난 뒤이다. 시는 사고 이후 살아남은 자들의 비극적 상황을 전한다. 그곳에 사는 사람들을 이선관은 "영혼이 없"는 "그림자 사람"이라 일컫는다. 「독수대·3」에서 나온 그림자이다. 죽음의 땅에서도 여전히 사람들이 살고 있는 이 비극적 상황은 시에서 끊임없이 울리는 낱말 '사람'이 되어 우리의 무의식 속으로 파고든다.

그런데 14행과 15행의 황석영의 북한 방문과 연관된 시행들은 뜬금없고 이질적이다. 황석영의 북한 방문 인상기 제목은 〈사람이 살고 있었네〉이다. 이 제목은 황석영이 북한은 사람이 살 만한 곳이 못 된

---

[28] 소설가 황석영은 1989년 3월에 북한을 방문하였고 이 방문의 인상을 글로 쓴 것이 『사람이 살고 있었네』이다. 정부의 허가 없이 입북한 황석영은 국가보안법 위반으로 수배되었고, 북한 방문 후 황석영은 귀국하지 않고 독일 등 해외에 체류하였다. 1993년 4월에 귀국한 황석영은 체포되어 1993년 10월 징역 8년 자격정지 8년 선고받은 후 복역하다가 1998년에 사면되었다.

다는 남한 일부의 인식을 불식시키고자 의도적으로 붙인 제목일 것이다. 북한은 어떻게 인식하느냐에 따라서 정상일 수도 비정상일 수도 있는 상대적인 것이다. 아무리 세습 정권의 독재국가라고 해도 북한은 실제로 사람들이 살고 있는 곳이며 민주주의 국가처럼 자유롭지는 않겠지만 살 수 있는 곳이다. 그러나 체르노빌은 사람이 살 수 없는 곳이다. 그곳은 핵이 초래한 절대적인 비극의 현장이다. 따라서 이 시에서 이선관은 북한과 체르노빌을 대비시키면서 인간과 뭇 생명을 파괴하는 핵이 얼마나 위험한가를 경고하고 있다.

「체르노빌·3」을 보면 시인 윤동주와 체르노빌의 흥미로운 대비를 볼 수 있다.

> 세상에
> 하늘 우러러 한 점 부끄럼 없이
> 살다가 그것도 감방에서
> 아까웁게 정말 아까웁게
> 일찍이 요절한 성스러운 시인이
> 자랑스럽게도 지구촌 동쪽 편
> 이 땅에 있었으니
> 그의 이름을 부르면 부를수록
> 빛이 나는 윤 동 주 선생
> 그러나
> 아무리 하늘 우러러보아도, 보아도
> 부끄럼만 남는 지역이

지구촌 서쪽 편에 있으니 그 지역의

이름을 부르면 부를수록 잊어버리고픈

신이 버린 땅 구 러시아의

체르노빌

(「체르노빌·3」 전문: 564)

이 시의 구성은 두 개의 토폴로지로 이루어져 있는데, 9번째 행까지가 첫 번째 토폴로지다. 이 첫 번째 토폴로지는 민족시인 윤동주의 삶으로 그 시간은 과거와 현재로 이어진다. 우리나라는 윤동주라는 시인이 있어 자랑스럽다는 것이다. 그런데 이 토폴로지의 핵심은 시인으로서 그가 남긴 시이다. 즉 예술이다. 윤동주는 비록 비운의 운명으로 이국땅에서 죽어갔지만 그의 시는 시대를 뛰어넘어 민족 문학의 빛나는 한 부분이 되었다. 따라서 이 토폴로지는 빛나는 시인과 그가 남긴 시로 인하여 일종의 성스러운 빛의 공간이 된다.

두 번째 토폴로지는 먼 우크라이나의 비극적인 도시 체르노빌로 향한다. 체르노빌은 핵발전소 폭발 사고로 부끄러운 이름이 되어 버렸다. 즉 두 번째 토폴로지의 심층은 비극적인 사건으로 얼룩진 신이 버린 어둠의 공간이다.

이러한 빛과 어둠이라는 토폴로지의 구성을 통하여 시의 세계와 핵의 세계가 선명하게 대비된다. 체르노빌이 속한 우크라이나에도 뛰어난 시인과 작가가 왜 없겠는가? 고골의 소설과 희곡이 있고 타라스 셰우첸코의 시와 레샤 우크라인카의 희곡이 있다.[29] 이뿐이겠는가. 우

---

[29] 타라스 셰우첸코(Taras Shevchenko, 1814-1861), 우크라이나 근대문학의 아버지

크라이나가 시인과 작가가 없어서 부끄러운 것이 아니다. 시인이 있고 없고가 아니라 인간에게 있어 시가 어떠한 존재이며 핵이 어떠한 존재인가가 초점이다. 시가 사람을 살리고 뭇 생명을 살리는 것이라면 핵은 사람을 죽이고 뭇 생명을 죽이는 것이다. 당연히 우리가 추구해야 할 것은 생명 파괴를 피할 수 없이 만드는 핵이 아니라 시로 대변되는 생명의 가치일 것이다. 「체르노빌·3」은 '윤동주'와 '체르노빌'을 대비시키면서 생명 가치의 성스러움을 일깨운다.

이선관은 2005년 작고할 때까지 많은 생태시를 썼다. 그는 이 생태시로 2001년에 교보생명교육문화재단이 제정한 교보환경문화상 제4회 환경문화예술 부문 최우수상을 수상하였다.

창동허새비 이선관

이선관은 생전에 자신을 창동 허새비라 칭하였고 불멸을 꿈꾸었다.

> 아니다 아니다
> 당신은 분명
> 창동 허새비다
> 봄에 되살아나
> 겨울 논두렁에 활활

로 불리는 시인. 레샤 우크라인카(Lesya Ukrainka, 1871-1913), 우크라이나의 시인, 극작가로 본명은 라리사 코사치-크비트카(Larysa Kosach-Kvitka)이다.

불태워지는 활활 부활이다

마산, 그 창동의 숨쉬는 허새비다

(「마산, 그 창동의 허새비」 부분: 356-357)

  시적 주체는 자신을 객체화하여 봄이면 되살아나는 허새비처럼 스스로 불멸의 존재가 되기를 염원한다. 마산 창동은 1760년 영조 36년에 설치된 마산창의 이름에서 유래한다. 마산의 조창 설치는 마산 지역의 상업자본 축적의 시작이었으며 근대 도시 마산의 기원이 되는 사건이었다. 오랫동안 근대 도시 마산의 상업 중심지였던 창동은 이선관 시인이 전 생애를 통해 거의 떠난 적이 없는 공간이었다. 어린 시절 창동에서 자랐고 창동에서 살았으며 거주지가 창동을 벗어난 때에도 늘 창동으로 와서 시간을 보냈다. 이선관에게 창동은 한국은 물론 세계와 우주의 중심이었다.

시내로 향하는 내 발걸음은

뜬구름을 딛고 가는 것처럼 불안하다

문득문득

세계를 걱정하고

민족을 생각하고

가정을 고민하고

이웃을 사랑하고

그렇게 그렇게 하다가 하다가

(……)

어느새 시내로 나온 나는
창동 십자로에 서서
처용가를 부른다
처용춤을 춘다

(「보통시민」 부분: 237)

창동에 들어선 나의 의식은 세계에서 이웃까지 아우른다. 시적 주체는 창동에서 자신의 아내를 내어주고 노래 부르고 춤을 추었던 처용처럼 노래하며 춤을 춘다. 설화 이후 처용의 존재는 역신을 쫓아내는 주술적인 의미를 지니게 되었다. 시적 주체는 창동에서 개인이 아니라 처용처럼 사악함을 물리치고 재앙을 쫓아내는 보편적인 존재와 의식으로 상승한다.

창동은 이선관에게 세계 인식의 진원지이며 역사적인 시공간이면서 보편적 존재로 상승하는 장소였다. 이선관에게 창동을 중심으로 하는 도시 마산은 결코 변방이 될 수 없는 것이었다. 창동에서 시작하여 민주, 통일, 생명을 거쳐 이선관의 시적 여정이 마지막으로 도달한 지점이 창동허새비이자 처용이다. 그의 시적 여정은 봄이면 부활하는 불멸의 허새비로 공동체를 지키는 처용이 되고자 하는 염원으로 마감하였다. 이선관의 휴머니즘과 근원적인 생명 감각은 근대 도시 마산의 민주주의 정신을 상징하는 소중한 가치가 되었다.

우무석

교방동 시편
- 옛날의 산언덕

하늘 그늘에 잉크빛 스미는 무렵 앞산 언덕에서 한 사내가 미동도 없이 서서 먼눈으로 바다를 무연히 좇고 있었다.

어둠은 저녁의 출구를 빠져나와서 한꺼번에 바다로 뛰어든 노을진 빛의 폐허를 감싸주고 있었다.

서서히 바다에는 살아 있는 사람 수만큼의 별그림자가 짙어지면서 아무 이유 없이 아름다워졌다.

산언덕 부근에서 이국산 반종 강아지와 뛰놀던 소년만 그 시간의 틈새에 서 있다가 길게 한 번 바람무늬가 반소매 자락에 스미어 오로록 소름이 돋았다가 졌다.

먼저 산언덕 내려가던 소년이 무심코 뒤돌아보다 사내와 잠깐 눈길 마주친 그 찰나, 소년은 사람들의 말할 수 없는 모든 외로운 마음을 훔 칫 엿본 것 같았다.

그뿐이었다.

옛날의 산언덕에서 만났던 그 풍경 속에서
먼 훗날의 나를 만나던 순간이었다.

여름 연가

햇볕 쨍쨍한 여름날이면
내 도마이^{道萬里} 바다로 나가
정결한 남쪽 바다
물빛 한 모퉁이
이쁘게 떼낸 다음
하얀 구름덩이 하나 덤으로 띄워
당신 방 안에서 출렁이게 하겠네
그러면 당신
치마 살풋이 걷어올려
매끈한 종아리 내놓고서
한나절 찰박찰박 물장난치고
나는
그 맑은 물소리
푸른 그늘에 누워
낮잠 들어
꿈에서도 바다를 걸어 오려고
또다시 바다로 가네.

붉은 방

– 잔느 에뷔테른 Jeanne Hebuterne 에게

창문은 아주 많이 달려 있었지만
불빛은 적었던 빌딩 꼭대기 당신의 방
언제나 복도는 깊고 조용했다

불이 켜지면
당신의 방은 푸른 물소리에 금세 잠긴다

침대에 반듯이 누운
당신의 매끈한 몸 위로 숨소리의 그늘 하얗게 엉겨서
밤이 무늬진 유리창에는 성에꽃이 덮였다

엷은 입술 사이로 장미향기 벙글어
당신의 방은 젖빛 구름그림자 금세 자욱하다

당신 모가지처럼 가늘고 길었던 꿈
슬프거나 아름다웠던 나날들의 숨결들이
세월의 축축한 달무리에 둥글게 감겨서 음악처럼 떠다녔다

한 쪽 어깨 드러낸 알몸으로 쓸쓸히 앉았을 때

벽거울에 비친 약속할 수도 없고 존재할 수도 없던 세상
물끄러미 바라보는 당신의 눈 속에서
붉은 방 하나가 생겨나고 있었다

오직 낯선 천국에서나 열릴 수 있는.

자정의 밀항

자정 무렵 뱃고동소리
굵은 저음부의 그림자가 물결과 세 번 포개지면서
엷은 해무 출렁거리던 바다를 다져놓았다
밤과 밤 사이에 떠 있던 마산 제4부두
노오란 불빛들만 먹빛 바닷속에서 부풀어 오르고
젖은 명도로 빛무늬진 뱃고동소리 바람 따라
내 잠든 집 창문으로 스미어들어
비몽사몽 먹먹한 혼만 깨워서 배에 살짝 태웠다
이국의 거대한 오만 육천 톤급 자동차운반선은
북국의 먼 어디쯤 떠나기 위해
이미 화물칸의 무게와 바닷물 높이를 가늠하여 물질하는데
세상 떠도는 것에 대한 설렘과
떠나고 남는 것에 대한 아련한 미련들에 떨려오는
내 혼자락에 숨은 어둠
쏘삭하게 돋아난 그리움 몇 알로 두근거릴 때
푸른 달그림자가 앞서서 배를 출항시켰다
바닷길의 벼랑과 물의 구렁텅이 사이로 항해를 시작었지만
시간에 휘감긴 뭍의 사람에게는 한낮의 삶이 행복하지 않으면
밤의 경계마저 아슬아슬하다, 잠의 해협을 넘어서기도 전에
내 혼은 위험한 물파랑에 쓸려

심연 아래로 아래로 아득하게 가라앉는다

허우적이다 깨어나 다시 잠들지 못했다
뱃고동소리 속으로 배만 떠나가 버렸다

소쿠리 안의 뜬구름

2004년 봄날 어느 아침, 무단히 월영주공아파드에 사는 정박사 집에 갔더니 그 아내 안경희 여사가 인사 삼아 웃음 함빡 머금은 흰소리를 건네주었다. 올해 처음 열릴 권환문학제 인쇄물에 빼곡히 박힌 제 전위원들 면면을 보았더니 마·창 인근 이런저런 동네에서 아무 데나 끼어 '자알 노는' 사람들(자신의 낭군을 포함하여 나까지도)끼리끼리 빠지지 않고 겹겹 구름 떼로 모여 있다나 어쨌다나, 그 사람들 만萬날을 가슴소가지만한 소쿠리 안에 뜬구름만 까불거리다가 말다가 하면서 앞으로 십년을 더 지내놓고서도 꿈결로만 둥둥 떠다닐 거라고, 그 말 듣고 슬금슬금 밖에 나오니 이 나이 되어도 남루한 빈손의 부끄러움이 빚쟁이처럼 구름 떼로 몰려왔기에 끝내 눈 둘 곳은 저 하늘뿐, 시든 구름조차 없는 천진무구의 오월 하늘뿐.

수평선 水平線 이 있는 집
- 매미의 추억 1

마산 바닷가 집들은 모두 수평선을 하나씩 가지고 있다. 집이 앉은 터에 따라 조금씩 다르지만 바다가 가까울수록 수평선의 위치가 높아진다. 처마 밑에 수평선을 두른 집도 많지만 내 집은 방 안에서 가슴 높이쯤에 수평선이 그어져 있다. 이 수평선은 태풍 '매미'가 깜깜한 비바람의 바다를 빳빳하게 세운 채 집집마다 골고루 찾아다니며 새겨넣은 물금이다. 한밤중에 닥친 해일이 허물어지던 순간 나는 보았었다. 집들이 물결에 감겨 둥둥 떠 보려고 안간힘을 써대는 것을. 장판이 들뜨고, 바닥이 터져 일어나고, 뜰 만한 것은 모조리 헤엄치면서 검은 물무늬 위로 일렁거렸다. 바다가 제자리로 돌아가 버릴 때까지 방 안에 떠다니는 파도의 힘에 이리저리 쓸리며 집이 몇 번씩 둥싯 떠올랐다가 주저앉았다. 그날 이후, 소금처럼 잘 마른 수평선이 생겨났고 이 물금높이가 바로 집들이 가진 부력이 되어 버렸다. 꿈같은 풍경을 직접 본 사람들은 오랫동안 불화했다.

지하실 수족관
- 매미의 추억 2

　가고파 오피스텔 지하에 있던〈유림식당〉주인 내외는 열흘 넘게 도망 못 간 바닷물을 작은 양수기 두 대로 퍼내면서도 단골인 나를 보면 희미하게 웃어 주었습니다 닷새를 더 보태어 물을 길어 올리니 한 뼘 아래 물바닥이 요란스럽게 뒤채면서 꿈지럭꿈지럭거립니다 숭어, 볼락, 쏨뱅이, 노래미, 농어, 게르치, 참돔, 장어 십수 마리 펄쩍거리며 몸을 털고 참게도 몇 놈이 비척비척 기어나옵니다 구경꾼이던 동네 사내들이 깜깜한 지하실로 우르르 내려가 고기를 더듬느라 야단도 이만저만 아닙니다 어느 틈에 식당의 도마와 식칼을 찾아내 놓고 소주병에 낀 뻘자국을 닦으며 술판 차리는 사람도 있고, 어디서 알았는지 여인네 서넛은 빨간 다라이를 끼고 뒤뚱대며 내려갑니다 그 북새통에 치여 식당에는 아예 내려가보지 못한 주인 내외가 서로 붙잡고서 끝내 울고야 맙니다 망한 것도 망한 것이라지만 사람 인심 그런 거냐며 서럽게 서럽게 울고 있었습니다 그날 하늘에 뜬 반쪽짜리 달빛마저도 쌍그랗기만 했습니다

강남 江南 유치장

'구름 갈 제 비 간다'는 말처럼,

정성기와 최갑순과 옥정애는 77학번 동급생에다 시위 계획도 함께 모의했던 사이, 그 낌새 눈치챈 경찰에게 데모 터진 당일 앞서거니 뒤서거니 각각 붙들려 으스스한 마경 유치장에서 다시 만나게 되었는데 서로 속수무책으로 겪을 살 떨리는 심문의 고초나 두려움보다는 애틋한 연대감으로 천군만마 얻은 듯 눈물겹게 반갑더라나, 벗들의 처진 어깨였지만 믿는 구석 생겨서 없던 힘도 솟아나더라나,

그 찰나 음울한 마경 유치장은 동무 따라 간 강남이 되었다고.

반성 없는 반성문

『군법회의 재판기록-부마사건』*에 실린 반성문 내용은 여출일구如出一口라 대개 어슷비슷한데요, 하나같이 '잠깐의 실수' 혹은 '군중심리'에 의해 데모대에 휩쓸리게 되어 '죽을죄'를 지었으나 '항상 잘못을 반성하고' 있으니 '관용을 베풀어' 준다면 앞으로는 '국가에 충성'하며 '훌륭한 사람'으로 '사회에 이바지'하겠다는 개개비는 붕어빵 문장이지만요, 그 틀 깨버리고 진정한 반성적 사유로 쓴 문장도 더러 있지요, 다음과 같은 글이 그중 하나이지요.

저는 현재 경남대학교 국제개발학과 2학년에 재학 중인 학생으로서 이번 마산소요사태가 일어나게 될 줄 미처 예상도 못하고 교내에서 시위를 주도한 본인입니다.
이제 그 결과가 국가의 이익과 사회의 공공안녕과 질서를 크게 혼미케 한 것에 대해 진심으로 깊은 사죄를 하는 바입니다. 막상 학생으로서 순수하고 깨끗한 이상과 진리의 정도를 지향하려는 벅찬 의지가 이렇게 무질서하고 폭력적인 난동을 낳게 했다는 점에 있어서 본인 또한 비탄과 슬픔을 금할 길이 없습니다.
이는 다만 정치적으로나 경제적, 사회적 모든 전반에 걸친 국가의 대사가 과도기적 시기에 머물러 있기 때문에 이러한 불상사가 발생하게 되었다고 보며, 본인은 그 동기와 결과의 커다란 갭 gap 에 대해 심히 가슴 아프게 생각하며 이 일을 미래의 발전을 위해 좋은 계기로 삼겠습니다.**

  순국 직전 안중근 의사의 심정을 헤아리며 썼다는 정인권의 반성문 내용에 '반성'한다는 단어가 단 한 번도 나오지 않지요. 붕괴의 전환단계까지 다다른 한국사회의 상황성을 인식하는 태도나 '사건' 근거의 구도적 이해를 자신이 체현했다는 정신적 깊이만 냉정한 울림으로 퍼지지요. 다만 위정자들 성명서 문투가 되레 스무 살 답지 않아 피씩 웃게 하지만요. 동갑내기인 그와 견줘 보면 세상 읽는 일에서 당시 나는 너무 순진한 숙맥이었구나 싶어 씁쓸한 반성적 웃음 짓게 만드네요.

  *『군법회의 재판기록-부마사건』: 부마민주항쟁에 대해 육군고등군법회의가 1980년 항소심 재판을 끝낸 마산사건에 대한 자료집으로 2006년 겨울에 부분 7책이 발견되었다. 30년 보존시한을 정해 두었으므로 2011년 폐기될 뻔한 이 자료에는 군사재판에 회부된 45명의 공판기록, 검찰심문기록, 경찰수사기록, 피해상황 그리고 군법회의에는 회부되지 않았던 122명에 대한 즉결심판 자료가 수록되어 있다. 이 자료를 바탕으로 하여 사회학자 이은진(경남대 교수)은 『1979년 마산의 부마민주항쟁-육군고등군법회의 자료를 중심으로』라는 연구서를 발간하였다.

  **정인권의 반성문 원본은 군법회의 재판기록에 실려 있다. 원문은 한자를 혼용하여 작성되었지만 시에는 한글로 바꾸어 표기했다.

A급 연행

믿는 동기 몇몇과 교내에 뿌릴 삐라 살포 계획을 도서관 옥상에서 쑥덕거렸으나 아예 말로만 끝냈으니 그리 태평무사로 배짱좋게 개겼던가. 이미 주변 친구들 하나둘 잡혀가 얻어터지며 조사 받고 있었는데 박인준朴仁俊·법학과 2년 만 명곡동 고향집에서 느긋하게 부자 겸상하여 점심 한참 먹고 있었다. 이런 다습한 순간에 사복형사들 들이닥쳐 연행하려 할 때 인준이 아버님께선 그놈들도 찾아온 빈객이라고 막걸리 받아와 따로 상 차려 사람대접 해 주셨다고 한다. 그놈들 벌컥벌컥 시원스레 술수전자 바닥 비운 다음, 별일 아닙니다 잠깐 조사만 하면… 벌건 낯짝으로 인사랍시고 이따위 말 주절거리면서 인준을 검거해 놓고 '연행자 처리 판단서'에는 학점이라면 기분 삼삼했을 A급으로 분류해 놓았다.

그날 산복도로를 달렸다

너무나도 낯익은 길이었다
그날 구호 내지르며 달렸던 산복도로

연애다리 건너 기역자로 꺾이는 비스듬한 판잣집 한 칸
돌아가신 외할머니 말동무였던 대각월보살大覺月菩薩 세들어 구멍가게 했던 곳
어린 나만 보면 알사탕 쥐어 주던 아련한 기억 떠올리며 지나쳤고,

왜정 시대 마산신사馬山神社 자리 헐고 세운 제일여중·고 정문 못 미처 오래된 호두나무를 대숲 울타리로 에워싼 곳은
큰외삼촌 사업 부도 났던 국민학교 4학년 때까지 40여 개 돌계단 하나씩 세며 드나들던 내 외갓집
무지 너른 그 집을 실눈 흘기며 비껴갔고,

몸으로도 익숙한 길이었다
발걸음 뗄 때마다 추억이 밟혔던 산복도로

신설학교 중앙고가 있는 산아랫자락 다닥다닥 게딱지 지붕 잇댄 산동네와 합포 잔물결에 둥글게 솟은 돝섬 풍경 한눈에 내려다보이는 곳

중3 시절 오래달리기 체력장 연습하느라 체육시간이면 이 길 숨차게 달렸던 일 생생해지는데

오늘 어쩌자고 정신없이 뛰는지 몰라 잠시 터덜터덜 걸어갔고,

이어 마산여고가 나오고 백 보쯤이면 성지여고 올라가는 가팔막 시작되는 곳

고교 시절 마여고 교복이 멋있는가 성지여고 교복이 예쁜가 핏대 올렸던 어이없던 시비에서 세라복 성지여고 교복이 최고인 이유는 단지 짝사랑 대상이 그 학교 다녔기 때문이었지만

발그레진 마음 감추기 위해서라도 다리힘줄 팽팽히 당겨 달려야만 했고,

그렇게 옛 생각 나풀거리도록
막아서는 경찰 없이 활짝 열려 있던 산복도로

신마산 연애다리

낮은 휘파람 불면
저녁별들 하나둘씩 돋아 나오던
그 다릿껄

달의 맨얼굴
개여울 소리에 푸르게 씻기던
그 다릿껄

오래된 버드나무
긴 머리채 쓸어내리는 바람 어두워질 때
숨어서 속삭이는 말들 뜨거웠던
신마산 연애다리

언젠가는 목덜미 뽀얀 계집애랑
달그림자 지는 풍경으로 남아 있으려고
마음에만 새겨 놓은 그 연애다리를
시월 그날엔 어쩌자고 함부로 건너갔던가

쨍쨍한 오후 시간을 뚫고
마구 서둘던 수천 개의 발자국 소리

좁다란 다릿길 들썩거리며
유신시대 덮을 구름무늬로 흩어지던 순간,

눈부신 연애의 추억 한 장 없이
연애다리를 건넜던 사람들
다음 날부터
폭도로 불려졌다.

전야

선배 이윤도
학비 싸다는 국립대학교
네 번 떨어진 다음에야
장학금 받아보려고 경남대학 들어왔다
한창 좋은 청춘을 녹여
1977년 봄날
경대극예술연구회 만들어 두목 노릇하느라
장학금도 녹여 버렸다

공연 전날 밤에는
캄캄한 무대 위에 소주 댓병만 올려놓고
디오니소스 맞이하는 제사 지냈다
혼자서만 음복한 술에 잠겨서
'껍데기는 가라'
고래고래 외치다
납작하니 잠들었다

10·18 전날 밤에는
반술 되어 경남대학 도서관에 들어가
유신헌법선포일 기념한답시고

우렁우렁 '애국가'를 불렀다
음치였어도
'사노라면'은 덤으로 불러 주었다
누구도 호응 않았지만
열뜬 목소리로
부산시위 소식 전했다

잠깐 동안
술렁거리는 마산항쟁 전야를
일인극으로 보여준 사람이 바로
연극쟁이 이윤도였다

길들의 브라운 운동*
- 부마민주항쟁 제29주년을 맞아

이십구 년 전
마산의 길들은 브라운 운동을 시작했다

생전 처음으로 금기의 말을 쏟아냈던
즐거운 저항의 날에
환한 바람 속으로 머리카락 휘날리며 달렸던
영원한 청춘의 날에
불끈 쥔 주먹으로 지칠 수 없었고 두려움도 잊었던
찬란한 영광의 날에

대로는 대로대로
골목길은 골목길대로
일제히 브라운 운동을 일으켰다.

1979년 시월 그날 우리는
턱턱 숨막히게 어둡던 음울한 시대를 두고서
강의실에서 배운 고전적 방식으로
물에 뜬 70년대 신화의 거친 입자가 어떻게 퍼져나가는지
모의 실험한 것이었는지도 모른다.

어쩌면 한 번 시작한 브라운 운동은
절대로 정지하지 않는다는 그 결과를 찾기 위해
우리는 온몸을 길 위에 내맡겼는지도 모른다.

그날 이후
세월은 짧게 좋았다가
아주 길게 나빠지기도 하면서 다 흘러갔지만
한 가지 증명했던 것은 있었다,
마산 길들의 브라운 운동은
아직 정지하지 않았다는 것을.

시월 그날이 오면
우리 몸의 기억에서
시대가 새겨준 상처에서
마산 길들의 브라운 운동은
언제나 뜨겁게 되살아나고 있기 때문이다

---

*브라운 운동(Brownian motion) : 액체 혹은 기체 안에서 떠서 움직이는 작은 입자가 불규칙적으로 변동하는 물리적 현상. '확산'이 미시적 현상인 브라운 운동을 거시적으로 나타낸 개념이다. 스코틀랜드 식물학자 로버트 브라운(R. Brown)에 의해 발견된 이 이론은 훗날 아인슈타인에 의해 분자운동론으로 기술되었고 페렝이 아인슈타인의 이론을 실험적으로 증명하였다. 브라운 운동의 특성은 입자는 모든 방향으로 동일한 정도의 확률로써 운동하는 것처럼 보이며 그 이후 운동은 이전 운동과는 무관하지만 절대 정지하지 않는다는 점이다.

이선관 시인의 양복 안주머니

- 유언비어

　　세상 수상한 소문은 이선관 시인의 낡은 양복 안주머니 속에 고스란히 담겨 있었다 꾸깃꾸깃 접은 유인물 혹은 서명 용지와 검은색 모나미 볼펜 한 자루와 함께

　　그가 떠듬떠듬 힘들여 토해낸 부흥회 방언 같은 말들은 시대의 사발통문沙鉢通文이 되어 시내의 컴컴한 자리로만 떠돌아다녔다 사실 그는 먼 곳의 믿을 수 없던 소식을 전해 주던 지하방송의 아나운서였다

　　1978년 여름 저녁 그가 유인물 한 장 불쑥 내밀며 낭송하라고 했다 '동일방직 쪼깐이 딸들에게'라는 호흡 거친 시 한 편이 8절지 안에서 부글부글 들끓고 있었다 고은 시인이 쓴 시였다

　　사진도 있었다 똥물 바가지로 뒤집어 쓴 채 처연하게 울먹이고 있는 여공들 모습 허울 좋은 조국근대화라며 사람에게 서슴없이 욕설과 똥물을 퍼붓는 일이 예사로 일어나는 우리나라라고 그가 예의 어투로 씨근거렸다

　　억압되는 것이 많을수록 불온한 말도 함께 복리로 늘어나던 시절이었다 이후 도서관에 정해둔 자리는 없어지고 나는 한동안 유언비어流言蜚語의 전도사로만 싸돌아다녔다

평설

항쟁과 기억의 새로운 변용

　　　　　　　　　　　우무석은 1959년 마산에서 태어나
마산에서 성장하였으며 현재 마산에서 살고 있다. 1983년에 제1회 개
천문학 신인상을 수상하였으며 1985년 무크지 『지평』 신인상, 김달진
창원문학상, 창원시 문화상 등을 수상하였고, 〈마산의 시학〉 동인으
로 활동하였다. 우무석은 10·18 부마민주항쟁기념사업회장을 역임하
였다. 그는 2013년에 시집 『수평선이 있는 집』과 10·18 부마민주항쟁
에 바치는 시집 『10월의 구름들』을 출간하였다.

　이미 작고한 앞의 세 시인과 달리 우무석의 시 세계는 아직 진행 중
이다. 그에 대한 평가도 지금부터라 하겠다. 그런데 근대 도시 마산의
민주주의 시문학이라는 주제의 관점으로 보면 시집 한 권을 10·18 부
마민주항쟁에 바친 우무석이야말로 선배 시인들의 정신을 계승하는
시인이다. 물론 선배 시인들과 마찬가지로 '민주주의'라는 관점으로
우무석의 시 세계가 온전히 가늠될 수 있는 것은 아니다.

욕망의 방에서 현실로의 출항 - 『수평선이 있는 집』

우무석은 소년 우무석이 정진업 시인을 만난 순간을 다음과 같이 회상하고 있다.

> 하늘 그늘에 잉크빛 스미는 무렵 앞산 언덕에서 한 사내가 미동도 없이 서서 먼눈으로 바다를 무연히 좇고 있었다.
> ……
> 먼저 산언덕을 내려가던 소년이 무심코 뒤돌아보다 사내와 잠깐 눈길 마주친 그 찰나, 소년은 사람들의 말할 수 없는 모든 외로운 마음을 흠칫 엿본 것 같았다.
>
> 그뿐이었다.
>
> 옛날의 산언덕에 만났던 그 풍경 속에서
> 먼 훗날의 나를 만나던 순간이었다.
> (「교방동 시편 - 옛날의 산언덕」부분) [30]

소년의 시점으로 표현된 "사람들의 말할 수 없는 모든 외로운 마음"과 "먼 훗날의 나"는 정진업 시인을 가리킨다. 소년의 관점으로 표현되었다고는 하나 형식상 그런 것이고 시인 정진업에 대한 성인 우무

---

[30] 우무석, 『수평선이 있는 집』, 불휘미디어, 2013: 28-29쪽. 이하 이 시집에서 인용은 "〈1:쪽수〉"로 표기하겠음.

석의 관점이 중첩되어 있다. "사람들의 말할 수 없는 모든 외로운 마음"이 시인이 담고 있는 마음이며, 이 마음으로 우무석은 정진업에 자신을 투사한다. 우무석에게 정진업은 보통명사로서의 '시인'이다.

  우무석의 시 속에 등장하는 선배 시인이 또 한 사람이 있다. 이선관 시인이다. 이선관 시인은 2번 등장하는데 한 번은 생전의 모습으로 한 번은 죽은 뒤의 회상으로 등장한다. "때 절은 감정에다 보풀진 세월을 정성스레 살다간 시인의 생애"[1:36] 와 "세상 수상한 소문은 이선관 시인의 낡은 양복 안주머니 속에 고스란히 담겨 있었다…… 믿을 수 없던 소식을 전해 주던 지하방송의 아나운서였다…… 1978년 여름 저녁 그가 유인물 한 장 불쑥 내밀며 낭송하라고 했다…… 나는 한동안 유언비어流言蜚語 의 전도사로만 싸돌아다녔다"[2:55-56] 전자는 우무석이 회상하는 이선관의 모습이다. 후자는 대학생 우무석이 기억하는 이선관의 모습이다. 이선관은 젊은 우무석의 민주주의 정신과 맞닿아 있다. 요약컨대 우무석은 권환, 정진업, 이선관으로 이어지는 마산의 민주 시혼의 흐름을 자신의 시 세계의 토양 중 하나로 삼았다고 하겠다.

  우무석은 1983년 제1회 개천문학 신인상을 수상하였으니 창작은 그 이전에 시작하였을 것이다. 그의 첫 시집 『수평선이 있는 집』은 2013년에 나왔다. 이 시집에 우무석은 시 83편을 올려놓았다. 시인으로 이름을 올린 때부터 30년 만에 나온 첫 시집이었다. 이 수치만 보면 대단한 과작의 시인이라 하겠다.

  긴 세월에 걸쳐 쓴 시들이라 『수평선이 있는 집』으로 우무석 시의 여정을 짐작하기는 쉽지 않다. 그렇지만 『수평선이 있는 집』에 실린 시들을 크게 두 가지의 범주로 나누어 볼 수 있다. 두 번째 시집 『10월의 구름들』에 실은 시 세계로 이어지는 흐름은 『수평선이 있는 집』의 시들을 구분하는 주요한 기준이 된다. 『10월의 구름들』은 "항쟁의 기억을 일상의 삶과 동일한 평면에 각인시켜"[31] 놓아 항쟁의 기억과 이상 그리고 열망을 도시 마산의 삶과 분리할 수 없음을 보여주었다. 즉 여기서 중요한 관점은 '일상의 삶'이다. 일상의 삶이라는 관점으로 살펴보면 『수평선이 있는 집』에 일상의 삶을 형상화 또는 서술하는 시들이 상당수 실려 있다. 결국 이러한 시들이 『10월의 구름들』이란 시들로 이어졌다고 볼 수 있다.

한편 『수평선이 있는 집』에서 시인의 자의식이 강하게 드러나는 시들을 만날 수 있다. 『10월의 구름들』로의 시 창작 경로를 고려하면 시인의 자의식이 드러난 시가 일상의 관점이 두드러지는 시편들보다 비교적 먼저 창작된 것이라 잠정적으로 추론할 수 있다.

첫 번째로 「여름 연가」에서 시적 주체는 자의식의 방을 형상화한다.

> 햇볕 쨍쨍한 여름날이면
> 내 도마이(道萬里) 바다로 나가
> 정결한 남쪽 바다
> 물빛 한 모퉁이
> 이쁘게 떼낸 다음
> 하얀 구름덩이 하나 덤으로 띄워

---

[31] 배대화, 「항쟁, 기억 그리고 문학」, 『기억과 계승 - 제42주년 부마민주항쟁 기념 시민강좌 자료집』, 10·18 부마민주항쟁기념사업회, 2021: 30쪽.

당신 방 안에서 출렁이게 하겠네

그러면 당신

치마 살풋이 걷어올려

매끈한 종아리 내놓고서

한나절 찰박찰박 물장난치고

나는

그 맑은 물소리

푸른 그늘에 누워

낮잠 들어

꿈에서도 바다를 걸어 오려고

또다시 바다로 가네.

(「여름 연가」 전문, 1:17) [32]

  경쾌하고 명랑한 시상이 독자를 사로잡으며 미소 짓게 만든다. 도마이 바다로 가면 연인이 기다릴 것만 같은 시다. 옛 진해만 푸른 바다가 성큼성큼 다가온다. 시의 리듬이 파도처럼 찰박이며 밀려든다.
  제목「여름 연가」답게 정결하고 푸른 바다가 시적 주체의 내면을 가득 채운다. "당신"은 시적 주체가 설정한 가상적 연인일 수도 있으며 시인의 실제 뮤즈일 수도 있다. 분명한 것은 당신은 시적 주체가 만든 이미지다. 하얀 구름이 떠 있고 푸른 바닷물이 출렁이는 방에서 "치마

---

[32] 도만리는 옛 창원군 진동면 도만리의 지명이며 지금은 창원시 마산합포구 다구리의 도만마을을 말한다. 옛 진해만에 속한 도마이 바다는 이 도만리 앞바다를 일컫는데, 도마이는 지역 방언식 발음이다.

살풋이 걷어올려 / 매끈한 종아리 내놓고서 / 한나절 찰박찰박 물장난 치"는 당신이다. 당신의 물장난 치는 소리를 듣고 잠이 든 시적 주체는 꿈에서도 그 방에 물을 채우려고 바다로 간다. 당신이 물장난치고 시적 주체가 잠든 방은 바다가 옮아온 방이다. 어디가 바다인지 어디가 방인지 그 경계가 사라지고 없다. 이 방은 시적 주체가 자신의 내면에 만들어낸 바다이다. 이 바다는 연인이 있고 시름없이 잠들 수 있는 방이다. 시적 주체의 꿈속에서도 등장하는 이 방은 거울 이미지를 품고 있다. 시적 주체가 보는 꿈이 바로 그 방을 만드는 시적 주체의 모습을 비추어서 보여준다. 이제 거울 이미지는 「붉은 방」에서는 명시적으로 등장한다.

시적 주체가 만들어내는 다른 방인 「붉은 방」을 만나러 가 보자.

　　　불이 켜지면
　　　당신의 방은 푸른 물소리에 금세 잠긴다

　　　침대에 반듯이 누운
　　　당신의 매끈한 몸 위로 숨소리의 그늘 하얗게 엉겨서
　　　밤이 무늬진 유리창에는 성에꽃이 덮였다

　　　엷은 입술 사이로 장미향기 벙글어
　　　당신의 방은 젖빛 구름그림자 금세 자욱하다

　　　당신 모가지처럼 가늘고 길었던 꿈

슬프거나 아름다웠던 나날들의 숨결들이
(……)

한 쪽 어깨 드러낸 알몸으로 쓸쓸히 앉았을 때
벽거울에 비친 약속할 수도 없고 존재할 수도 없던 세상
물끄러미 바라보는 당신의 눈 속에서
붉은 방 하나가 생겨나고 있었다

오직 낯선 천국에서나 열릴 수 있는.
(「붉은 방 - 잔느 에뷔테른(Jeanne Hebuterne)에게」 일부, 1:18-19)

    모딜리아니가 그린 「큰 모자를 쓴 잔 에뷔테른」1918을 보고 쓴 시다. 당신은 그림 속의 주인공이자 화가의 연인인 잔 에뷔에른이다. 이 당신의 방은 앞의 「여름 연가」처럼 "푸른 물소리"에 잠기는 푸른 색 이미지로 표현된다. 실제 그림 속 배경은 붉은색으로 푸른색은 잔의 눈빛 뿐이다. "매끈한 몸", "숨소리의 그늘", "입술", "장미향기", "젖빛 구름 그림자" 등의 이미지로 시가 빚어내는 당신의 모습은 모딜리아니의 그림이나 「여름 연가」에 비해서 에로틱하다. 마치 모딜리아니의 다른 그림 「푸른 쿠션 위에 누워 있는 누드」1916의 이미지가 겹쳐져 있는 듯하다. 에로틱한 정조는 이어지는 5연에 의해 슬픔과 쓸쓸함으로 급변하며, 현실에서 이루어질 수 없는 세상이, 거울 이미지로서 채워진 붉은 방이 당신의 눈 속에서 생겨난다. 벽 거울이 보여주는 방은 "약속할 수도 없고 존재할 수도 없던 세상"으로 당신이 실제로 있는 방이

아니라 다른 세상 즉 "낯선 천국에서나 열릴 수 있는", 당신이 꿈꾸고 욕망하는 방이다.

그림 속 당신의 눈은 시적 주체를 바라본다. 시적 주체가 자리한 곳은 벽 거울이다. 벽 거울이 보여주는 붉은 방은 당신이 원하는 방이자 동시에 시적 주체가 바라보며 상상하는 방이다. 시적 주체가 상상하는 방은 시적 주체가 바라보는 대상인 당신에 의해서 형상화된 것이다. 이 방은 당신의 바라봄응시이 촉발한 시적 주체의 욕망이다. [33]

시적 주체가 자리한 또 다른 방을 시「생일」에서 볼 수 있다. 그 방은 "수족관 고기들 물질 소리가 파란빛으로 파드득 파드득거리다기 형광등이" 켜지는 방으로 "물 깊은 방"이다. 이 방의 이미지도 푸르다. 푸른 방은 시「고요한 유혹」에서 "내 마음 가파른 골짜기를 막아서 푸른색 못물을 채웠더니… 물고기들이 빙빙 헤엄쳐" 다니는 방으로 앞의 방들과 같이 시적 주체의 마음을 비유한다. [1:22] 시적 주체는 이 푸른 방에서 밀항을 욕망한다.

>세상 떠도는 것에 대한 설렘과
>떠나고 남는 것에 대한 아련한 미련들에 떨려오는
>내 혼자락에 숨은 어둠
>쏘삭하게 돋아난 그리움 몇 알로 두근거릴 때
>푸른 달그림자가 앞서서 배를 출항시켰다

---

[33] 여기서 바라봄은 라캉의 응시(프랑스어 regard, 영어 gaze) 개념을 빌어왔다. 라캉에 의하면 주체가 대상을 보지만 무의식의 차원에서는 대상의 응시(바라봄)에 의하여 주체의 욕망이 드러난다. 따라서 응시는 주체의 욕망이 드러나는 자리이다.

(……)

내 혼은 위험한 물파랑에 쓸려

심연 아래로 아래로 아득하게 가라앉는다

허우적이다가 깨어나 다시 잠들지 못했다

뱃고동소리 속으로 배만 떠나가 버렸다

(「자정의 밀항」 부분, 1:30-31)

    이 밀항의 과정은 시상이 일어나는 과정이자 그 결과로서 메타적이다. 시적 주체의 밀항은 한 편의 시를 남겼으니 실패 아닌 실패로 끝나고 시적 주체는 푸른 바다의 심연으로 가라앉고 말았다. 이 침몰을 알리는 것이 실제 바다에서 들려오는 출항을 알리는 뱃고동 소리이다.

    앞의 푸른 방과 붉은 방에 대한 읽기를 바탕으로 밀항 / 출항을 해석해 보자. 밀항은 시적 주체의 바닷물로 가득 찬 마음속으로의 항해이다. 이 시적 주체의 내면으로의 항해를 담고 있는 시들이 앞에서 살펴본 시들이다. 그에 비해 출항은 실재하는 현실로의 항해이다. 우무석의 시적 주체는 어떤 현실을 향하여 항해를 시작하였는가?

    현실로의 항해를 『수평선이 있는 집』의 「수평선이 있는 집 - 매미의 추억 1」, 「지하실 수족관 - 매미의 추억 2」, 「교방동 시편」, 「봄날의 피정」, 「낮달」, 「소쿠리 안의 뜬구름」, 「막간」, 「백마강단란주점」 등의 많은 시들이 보여준다.

    이러한 시들 가운데 여러 시는 시적 주체가 마주하거나 익숙한 이

웃과의 경험에 대한 서사적 성격을 지니고 있다. 예를 들어보자.

    2004년 봄날 어느 아침, 무단히 월영주공아파트에 사는 정박
사 집에 갔더니 그 아내 안경희 여사가 인사 삼아 웃음 함빡 머
금은 흰소리를 건네주었다. 올해 처음 열릴 권환문학제 인쇄
물에 빼곡히 박힌 제전위원들 면면을 보았더니 마·창 인근 이
런저런 동네에서 아무 데나 끼어 '자알 노는' 사람들(자신의 낭군
을 포함하여 나까지도) 끼리끼리 빠지지 않고 겹겹 구름 떼로 모여
있다나 어쨌다나, 그 사람들 만(萬)날을 가슴소가지만한 소쿠리
안에 뜬구름만 까불리다가 말다가 하면서(……)그 말 듣고 슬금
슬금 밖에 나오니 이 나이 되어도 남루한 빈손의 부끄러움이 빚
쟁이처럼 구름 떼로 몰려왔기에 끝내 눈 둘 곳은 저 하늘뿐.

    (「소쿠리 안의 뜬구름」 일부: 1-49)

  시적 주체는 친구 부인 안경희 여사의 말을 인용해 놓았다. 마산과 창원의 지역 사정을 몰라도 좋다. 자유 간접화법으로 삽입된 타자의 말이 불러일으키는 효과가 중요하다. 타자의 말은 독자를 빙그레 웃게 만든다. 동시에 타자의 말은 시적 주체에게 부끄러움을 불러일으킨다. 이 부끄러움의 원인은 시적 주체의 "이 나이 되어도 남루한 빈손"이다. 응당 있어야 할 것 같은 무엇이 없어서 부끄럽다. '무엇'이 구체적으로 무엇을 의미하는지는 중요치 않다. 웃음을 유발하는 타자의 시선과 시적 주체의 부끄러움이 초점이다. 부끄러움이 일으키는 웃음은 쓰다.

이러한 쓴웃음은 태풍 매미를 소재로 한 시 「지하실 수족관」에서도 볼 수 있다. 2003년 태풍 매미가 마산 해안 저지대를 휩쓸고 지나갔다. 이 시는 건물의 지하에 있던 식당의 주인이 물을 퍼내면서 벌어지는 사건을 담았다. 물을 퍼내다 보니 온갖 물고기들, "쏨뱅이, 노래미, 농어, 게르치, 참돔, 장어 십수 마리"[1:27]가 보이자 구경하던 동네 사람들이 잡은 물고기로 회를 뜨고 술판을 벌인다. 그 광경을 본 주인 내외는 인심 사납다고 울음을 터뜨린다. 태풍 매미로 막대한 피해를 당한 주인 내외의 근심과 슬픔이 이웃 술판이 자아내는 웃음과 대비된다.

이 대비로 전경화하는 것은 슬픔이 아니라 웃음이다. 「소쿠리 안의 뜬구름」의 부끄러움과 「지하실 수족관」의 슬픔은 웃음이 유발하는 조건적인 사건이다. 웃음이 있으므로 부끄러움과 슬픔은 의미를 지니게 된다. 일회적인 사건이 의미를 갖게 만드는 웃음이다. 이 웃음과 의미는 우무석의 두 번째 시집 『10월의 구름들』에서 역사적 사건에 대한 새로운 감성으로 뚜렷하게 형상화된다.

───── 특권적인 항쟁 기억의 일상화와 도시 마산[34]

오랜 기간 여러 시인이 10·18 부마민주항쟁에 대한 시들을 발표하여 항쟁을 기리고 항쟁의 기억을 되풀이하여 소환하고 그 이상과 열망에 대한 정당한 평가를 촉구하였다. 이러한 소환과 촉구에서 한 걸

---

34) 이 장은 배대화의 앞의 글 29-33쪽에 실린 우무석에 대한 해석을 수정, 보완한 것이다.

음 더 나아가는, 10·18 부마민주항쟁에 대한 새로운 시적 변용이 일어나기까지는 꽤 오랜 세월이 필요했다. 2013년에 나온 우무석의 시집 『10월의 구름들』[35]에 실린 서사성이 강화된 시들은 항쟁에 조응하는 새로운 시적 변용을 보여준다. 이 시집은 〈1부 장면들〉 17편, 〈2부 토대들〉 18편으로 이루어져 있다. 10·18 부마항쟁의 사건과 기억을 소재로 한 것이 바로 〈1부 장면들〉에 실린 시들이다.

이전의 10·18 부마민주항쟁 시편들과 달리 〈1부 장면들〉에 실린 시 대부분은 웃음을 머금고 있다. 「강남 유치장」, 「A급 연행」, 「슬픈 후일담」, 「반성 없는 반성문」, 「바바리코트의 어학생」, 「신마산 연애다리」 등등의 시편들에는 증언과 시적 재현을 통한 항쟁의 재현 또는 재현된 항쟁에서 볼 수 있는 고양된 감정, 이상과 열망을 담은 말 또는 구호 등은 뒤로 물러난다. 시적 주체의 사적이고 '수다스러운' 기억과 함께 소환된 항쟁의 특권적인 엑스터시의 공간은 일상의 공간으로 침윤한다. 강렬하고 견고한 둘레를 가지고 있던 항쟁의 특권적인 시공간은 「1부 장면들」의 시 세계에서 도시 마산의 일상적 삶과 중첩되고 뒤섞인다. 이런 점에서 『10월의 구름들』 이후의 도시 산책은 항쟁의 기억과 함께 새로운 감각을 시민들에게 불러일으킬 것이다. 『10월의 구름들』은 항쟁의 기억을 일상의 삶과 고른 평면에 각인시켜 놓음으로써 항쟁의 이상과 열망이 도시 마산의 삶과 분리될 수 없다는 점을 분명히 하고 있다.

성스러움과 세속이라는 두 개의 대립하는 층위의 기억을 고른 평면

---

[35] 우무석, 『10월의 구름들』, 불휘미디어, 2013. 이하 이 시집에서의 인용은 〈2: 쪽수〉로 표기하겠다.

위에 함께 배열한다면 의미가 두 방향으로 운동할 수 있다. 하나는 항쟁의 이상과 열망이 일상의 속류 - '별것 아니네' -로 오염될 수 있을 것이다. 이것은 매우 위험하다. 항쟁을 오염시킬 뿐만 아니라 항쟁 참여자에 대한 모독이 된다. 나아가 '사태'로 영원히 묻어 두고 싶은 비민주적 정치 세력에게 빌미를 주게 된다.

다른 하나는 항쟁의 기억이 도시 마산의 일상적 삶이 되고 마산의 기억으로 확산하는 방향이다. 이 운동에서는 항쟁의 기억은 보이지 않는 땅속으로 깊고 넓게 뿌리를 내리는, 들뢰즈의 개념을 빌리면 "표면적인 땅 밑 줄기를 통해 서로 연결 접속되어 리좀을 형성하고 확장해 가는" 기억이 될 것이다.[36]

성스러움과 세속을 뒤섞어서 오염과 모독을 피해야 하는 후자의 운동은 매우 어려워 보인다. 그러나 예술사를 보면 예술은 늘 이러한 방향으로 움직여 왔다. 그렇다고 해도 항쟁을 다루는 문학에서는 이 어려움이 쉽게 극복되지는 않는다. 이 어려움은 성스러운 항쟁이 풍자의 대상이 아닌 데서 온다. 즉 성스러움이 풍자의 대상이라면 문제는 비교적 단순하다.[37] 이선관이 「겁나는 종이호랑이」에서 "세계 제일의 경찰이라고 / 자타가 공인하는 / 미국의 항공모함 니기미 니미츠호와 / 또 미국의 항공모함 / 좆이 위신통 조지 워싱턴 호는 / 바닷물이 넘실대는 해도를 따라 / 마치 성감대를 아낌없이 건드리며 / 헤쳐가듯이"라고 하면서 미국이 벌인 전쟁을 성적으로 비하하여 미국을 성폭행범의

---

[36] 질 들뢰즈, 펠릭스 가타리, 『천 개의 고원』, 김재인 옮김, 새물결, 2001, 49쪽.
[37] '단순하다'라는 것이 곧 쉽거나 누구나 할 수 있다는 뜻은 아니다. 풍자로 웃음을 자아낼 수 있는 것은 전복적 의미에서 숭고하다.

차원으로 끌어내린 경우가 여기에 해당한다.[38] 신성한 미국의 안보를 상징하는 니미츠호와 조지 워싱턴호가 "니기미", "좆이 위신통"라는 언어유희이자 욕설로 인하여 통렬한 웃음의 대상이 된다.[39] 그러나 10·18 부마민주항쟁은 풍자의 대상이 아닌 성스러워야 할 역사이다. 항쟁이나 항쟁의 이상과 열망을 웃음의 대상으로 삼는 것은 매우 위험하다.

그럼에도 불구하고 『10월 구름들』 「1부 장면들」에서 우무석은 성스러움과 세속을 고른 평면에 두는 방향으로 나아갔다. 그 시들이 나아간 운동에서 본질적인 요소는 말이 자아내는 웃음이다. 이 웃음은 시적 주체의 일상의 기억과 함께 소환된 항쟁의 기억을 뒤섞는 데서 발생한다. 이 기억의 대부분은 항쟁에 참여했던 우무석의 체험에서 나왔기에 진솔하다.

① 그 찰나 음울한 마경 유치장은 동무 따라 간 강남이 되었다고. (「강남江南유치장」, 2:15)

② '연행자 처리 판단서'에는 학점이라면 기분 삼삼했을 A급으로 분류해 놓았다. (「A급 연행」, 2:16)

③ 이는 다만 정치적으로나 경제적, 사회적 모든 전반에 걸친

---

[38] 배대화, 우무석 편, 『이선관 시 전집』, 622쪽.
[39] 배대화, 「이선관의 시: 풍자와 해학」, 제10회 2019년 창동허새비축제, 『이선관 문학 심포지엄』 자료집 참조.

국가의 대사가 (……) / 다만 위정자들 성명서 문투가 되레 스무 살 답지 않아 피씩 웃게 하지만요, (「반성 없는 반성문」, 2:20)[40]

④ 연애다리 건너 기역자로 꺾이는 고개턱 비스듬한 판잣집 한 칸 / 돌아가신 외할머니 말동무였던 대각월보살 세들어 구멍가게 했던 곳 / 어린 나만 보면 알사탕 쥐어 주던 아련한 기억 떠올리며 지나쳤고 // (……) // 중3 시절 오래달리기 체력장 연습하느라 체육시간이면 이 길 숨차게 달렸던 일 생생해지는데 / 오늘은 어쩌자고 정신없이 뛰는지 몰라 잠시 터덜터덜 걸어갔고 // (……) // 고교 시절 마여고 교복이 멋있는가 성지여고 교복이 예쁜가 친구끼리 핏대 올렸던 어이없던 시비에서 세라복 성지여고 교복이 최고인 이유는 단지 짝사랑 대상이 그 학교 다녔기 때문이었지만 / 발그레진 마음 감추기 위해서라도 다리 힘줄 팽팽히 당겨 달려야만 했고, (「그날 산복도로를 달렸다」, 2:23-24)

⑤ 오래된 버드나무 / 긴 머리채 쓸어내리는 바람 어두워질 때 / 숨어서 속삭이는 말들 뜨거웠던 / 신마산 연애다리 // (……) // 마음에만 새겨 놓은 그 연애다리를 / 시월 그날엔 어쩌자고 함부

---

40) 이제는 고인이 된 정인권은 10·18 부마민주항쟁 시 최초로 경남대 학내시위를 주동하였다. 체포 후에 쓴 정인권의 반성문은 대단히 흥미롭다. 반성의 문체는 장황하고 뻣뻣하여 관료적이고 권위적이다. 항쟁이 타도하고자 했던 독재 권력의 문체를 흉내낸 듯한 반성문은 그 자체로 권력을 조소하고 조롱하는 훌륭한 패러디가 된다. 이 반성문 원본은 『부마사건 군법회의 재판기록』에 실려 있으며 복사본을 『10월의 구름들』〈113쪽〉에서 볼 수 있다.

로 건너갔던가 // (……) // 눈 부신 연애의 추억 한 장 없이 / 연애다리를 건넜던 사람들 / 다음 날부터 / 폭도로 불려졌다.(「신마산 연애다리」, 2:26-27)

⑥ 내 역할은 인터뷰이 학생들 섭외, 속으로 점찍어 둔 명단에는 은근히 마음 둔 영(英)자로 끝나는 여자애 이름이 끼워져 있었다. 걔가 바라본 미래의 사랑, 그 청사진 미리 뽑아서 내 생의 사랑인지 겹쳐볼 요량으로 혼자서만 설렜던 열뜬 마음도 기억난다. / (……) 커다란 릴녹음기 테이프 한 쪽으로 (……) 감기기 시작할 때부터 (……) 그리고 이어진 휴교방송! 단 한 명의 '대학생의 결혼관'도 알지 못한 채 중단된 인터뷰, (……) 영이란 여자애 마음 알 수 없어졌으므로 뒷날 걔 만나도 시치미뗀 채 수작 걸지 않았다. (「대학생의 결혼관」, 2:33-34)

⑦ 음치였어도 / '사노라면'은 덤으로 불러주었다 / 누구도 호응 않았지만 / (……) / 부산시위 소식 전했다 // 술렁거리는 마산항쟁 전야를 / 일인극으로 보여준 사람이 바로 / 연극쟁이 이윤도였다 (「전야」, 2:38)

⑧ 훗날 군사재판에서 면소판결 받았다 세상 나오자마자 다시 자산파출소 찾아가 가슴 응어리진 억울함 풀었지만 이제는 경찰이 독한 감정 품었다 (……) 삼청교육대 생기자 입소 1순위로 연행되었다는 슬픈 후일담을 남겼다 '인생유전'이란 말 이럴

때 쓰인다 (「슬픈 후일담」, 2:18)[41]

위 인용한 시 중에서 ⑧「슬픈 후일담」은 다른 시편들과 달리 유일하게 비극적 운명이 자아내는 슬픈 웃음이다. 이 풍자적 웃음의 대상은 공정성을 잃고 권력의 시녀가 된 경찰이 자행한 폭력이다. 묘하게도「슬픈 후일담」은 〈1부 장면들〉의 시들을 떠받드는 서까래 역할을 한다. 〈1부 장면들〉에서 시적으로 변용된 기억들이 바로 10월의 구름들이다. 「슬픈 후일담」은 그 구름들이 흘러가는 푸른 하늘이 되어 다른 시편들을 단단히 붙들어 매고 있다. 〈1부 장면들〉로 일상의 층 위에서 벗어나 특권적인 '성스러운' 높이에 위치하던 항쟁이 이제는 일상으로 가까이 다가왔다.

일상으로 내려온 항쟁을 우무석은 근대 도시 마산의 몸에 기억된 불멸의 정신으로 표현한다.

환한 바람 속으로 머리카락 휘날리며 달렸던
영원한 청춘의 날에
불끈 쥔 주먹으로 지칠 수 없었고 두려움도 잊었던
찬란한 영광의 날에

대로는 대로대로

---

[41] 항쟁 참여자 윤정오 씨가 시의 주인공이다. 이은진, 『1979년 마산의 부마민주항쟁 - 육군고등군법회의 자료를 중심으로』, 민주화운동기념사업회·부마민주항쟁기념사업회 간행, 도서출판 불휘, 2008. 232-236쪽.

골목길은 골목길대로
일제히 브라운 운동을 일으켰다.

(……)

그날 이후
세월은 짧게 좋았다가
아주 길게 나빠지기도 하면서 다 흘러갔지만
한 가지 증명했던 것은 있었다,
마산의 길들의 브라운 운동은
아직 정지하지 않았다는 것을.

시월 그날이 오면
우리 몸의 기억에서
시대가 새겨준 상처에서
마산 길들의 브라운 운동은
언제나 뜨겁게 되살아나고 있기 때문이다.
(「길들의 브라운 운동 - 부마민주항쟁 제29주년을 맞아」 부분, 2:48-50)

　미소입자들의 정지하지 않는 확산 운동이 브라운 운동이다. 10·18 부마민주항쟁에 나섰던 학생들, 시민들의 몸의 움직임이 마산 길들의 브라운 운동을 일으켰다. 항쟁의 정신은 시위에 나섰던 학생, 시민들의 몸을 거쳐 마산의 길들로 스며들었다. 시적 주체가 묘사하는 인간의 몸과 도시의 몸이 일체가 되는 현상은 결코 관념적이거나 상상의 것이 아니다. 항쟁 참여자의 생생한 체험에서 비롯된 것이다. 브라운 운동이 생물학적 운동이 아니라 물리학적 운동이듯이 인간 유기체의 운동이 무기체인 도시의 운동으로 확산하여, 항쟁이 도시의 기억을 넘어 도시 그 자체의 브라운 운동으로 영원히 확산한다는 새로운 차원의 사유이다.

우무석의 『10월의 구름들』은 성스러움과 일상의 경계를 허물고 항쟁이 인간의 운동을 넘어 도시의 운동으로 영원히 이어진다는 역사 인식이 바탕에 깔려 있다. 이러한 인식은 일상의 기억과 항쟁의 기억을 고른 평면 위에 놓아 역사적 기억을 새롭게 변용하는 우무석의 미학에서 비롯된 것이다.

『10월의 구름들』의 시들은 10·18 부마민주항쟁을 주제로 하는 기존의 기념 시를 벗어나 우뚝 솟은 보편적인 미학적 경지에 도달하였다. 특히 〈1부 장면들〉은 일상의 기억과 항쟁을 하나의 평면에 배열하여 역사적 사건을 형상화하는 시의 새로운 지평을 열었다.

제2부

마산 민주주의 기념 시편

02

김태홍

마산馬山은!

마산은
고요한 합포만合浦灣 나의 고향 마산은

썩은 답사리 비치는 달그림자에
서정抒情을 달래는 전설傳說의 호반湖畔은 아니다

봄비에 눈물이 말없이 어둠 속에 괴면
눈동에 탄환彈丸이 박힌 소년의 시체屍體가
대낮에 표류漂流하는 부두埠頭—

학생學生과 학생과
시민市民이

〈전우戰友의 시체를 넘고 넘어〉
민주주의와 애국가와

목이 말라 온통 설레는 부두인 것이다

파도 波濤 는
양심들은 역사에 돌아가 명상하고
붓은 마산을 후세 後世 에 고발 告發 하라
밤을 새며 외치고

정치 政治 는 응시 凝視 하라 세계 世界 는
이곳 이 소년의 표정 表情 을 읽어라
이방인 異邦人 이 아닌 소년의 못다한 염원 念願 을 생각해 보라고
무수히 부딪쳐 밤을 새는
피 절은 조류 潮流 의 아우성이 있다

마산은
고요한 합포만 나의 고향 마산은
세계로 통하는 부두!

썩은 답사리 비치는 달그림자에
서정을 달래는 전설의 호반은 아니다

진통 陣痛 이
아우성이 소년의 피가
분노 憤怒 의 소용돌이 속에
또 하나의
오— 움직이는 세계인 것이다
기상도 氣象圖 인 것이다

60. 4. 12. 〈부산일보〉

유서 遺書
〈합동위령제 合同慰靈祭에 부침〉
- 죽은 학생은 말한다

무지한 조국 祖國이 겨눈

총부리 앞에서

우리들은 목마르게

조국을 불러야 했다

심장은 분수

쏟은 자유의 피는

애끈한 상처를 씻어

어머니를 웃게 하라

우리는 조국을 응시 凝視하고

내일의 의미가 된다

피로 기록한 데모의 교훈은

누구도 범하지 말라

불을 기다리는 심지
통일의 염원 위에

우리들은
햇불이고 싶다

피를 짓밟지 않는 새 날로
우리들의 피를 위로慰勞 하라

60. 5. 19. 〈국제신보〉

보았느냐! 들었느냐!

시간의 고비마다
죽음의 사연들

그것은 되살아 불사조^{不死鳥} 의 혼^魂
역사의 이정표^{里程標} 가 된다

여기 마산!
1960년 3·15를 보았느냐!

해변에서 자맥질을 하던
시인이 된다던
대통령이 된다던
판사^{判事} 검사^{檢事} 대장^{大將} 이 된다던
소년 소녀들이 죽었다

장미는 시들어
방 하나 가득한 향기^{香氣} 를 담아 두고
여기는 마산!

시간의 고비마다

죽음의 사연들

네가 쏟은 피로 목을 축이고
짓밟힌 꽃밭은 더욱 무성하게 자라나는 것

밤이 새면 아침이기 마련인 것을
믿어보는 여기는 마산

피로 새긴 탑
되살아 불사조의 넋은
민주주의의 이정표가 된다

저주詛呪 들
3·15 여기 마산의 아우성을 피를 다들
보았느냐!
들었느냐!

『자유문학』(60. 6월호)

김태홍(1925-1985): 1925년 창원 소계동에서 태어났다. 진주사범학교, 해인대학(현 경남대학교)를 졸업하였다. 마산여고, 마산상고(현 용마고), 부산고를 거쳐 부산 충렬고 교장을 역임하였고 효성여대, 부산여대에서 후진을 양성하였다. 1952년 김춘수 정진업 김수돈 등과 함께 <낙타> 동인을 결성하였다. 당시 마산고에서 독일어 강사로 근무하던 선배 시인 권환과 교유하였다. 권환과의 교유는 김태홍에게 많은 영향을 미쳤다. 부산일보, 국제신문의 논설위원을 지냈으며, 『땀과 장미와 시』(1950)를 비롯한 6권의 시집과 『고독은 강물처럼』 등 수필집, 『중립의 이론』 등 논설집과 시론집 『시는 선(禪)이다』를 남겼다.

이 석

마산에서의 봄
- 민주승리의 날에

삼월에서 사월
계절은 봄이었지만
꽃이 피었던지 새가 울었는지
그것보다는 가도에 뿌려진 붉은 피
그 피가 봄을 상징해야 하던 슬픔의 봄이었다
지금은 새삼 간 봄이 돌아와
거리거리 사람들의 마음 속에
또 하나의 꽃피는 봄이 오고 있다
마산이라 내 사랑의 보금자리
고요한 바다가 한 번 아닌 두 번도 더
격랑激浪 의 물길이 일 수 있었던 것은 —
마산의 학도들의 시민들의 애 저린 목소리가
온 세계를 울리는 종소리가 되고 —
허망한 독재의 꿈을 불살라 버리게 한 것은 —

그것은 이십대의 싱싱한 꿈의 안타까움에 애 저린 마음들
낡고 썩은 사회보다 먼저 무사를 바라는
아버지와 어머니 그리고 스승들에의 도전이기도 했다
아직도 가라앉지 않는 싱싱한 꿈이
또 무엇을 거누어 있는지 두렵고나
바다가 좋고 술이 좋고 인심이 좋다는
마산이여!
온 세계를 울리던 그 아우성 그 싱싱한 마음들
고요히 잠재우고
지금은 모두가 내일의 생활에 진정한 민주의 꽃을 피우자

1960. 4. 29. 〈마산일보〉

초혼
〈위령비 낙성식 애도사〉
- 마산고 교정에 세운 의거의 영령 김용실 김영준 양 군의 비문을 쓰고

김용실 군 1959년 어느 가을 군이 반장으로 있었던 1년 B반은 나의 처녀시집 『하초』를 어느 반보다도 아껴주었다. 그때 나는 군이 나라의 기둥감임을 생각하고 있었다.
김영준 군, 김 군은 어머니와 군에 입대한 형 한 분뿐으로 신의주가 고향으로 친척도 없고 참으로 외롭고 가난한 학생이었지만 어느 결심의 눈빛을 나는 늘 보고 있었다.

오늘부터 두 젊음이 가는
시계는 영영 멎었지만
나무 그늘에 교복을 입고
죽음으로 바꾼 삶으로
머리털이 희끗희끗하는 날
무슨 말을 속삭일 것인가

생각하면 아득한 날로
산야에 산화한 어린 화랑花郞이 있고
시시時時의 불의를 굴복시켜
떨어진 꽃들의
붉고 맑은 입김이 있어
너와 나 우리들의 오늘이 있고
빛나는 언어를 다듬어
노래를 부른다

당신들의 죽음이

어찌 나만이 안타까우랴마는

부끄럽지만 내 또한 시를 쓰는 죄업 罪業 으로

모든 아픔이 내 가슴 안에 모여와

무거운 바닷물처럼 출렁인다

어찌하여 당신들이 죽었는지

참으로 꿈만 같다

나는 스물두 살 홍안 紅顔 에서

이제껏 십삼 년

나의 젊음의 피가

여기 교정에 녹아 있어

마고 馬高 묵은 가족으로

당신들과 함께 이곳을 베고 산다

영원에 변치 않을

나의 사랑의 터에

두 푸른 빛나는 영혼

여기 보금자리 떠나는

어린 새들에게

크고 우렁찬 홰울음을

당신들은 끝없이 심어 가리라

1960. 5.

마산의 3·15 그리고 34년

- 그날의 아픔과 영광을 되새기며

마산의 삼일오 그리고 삼십사 년
백년이 가고 아니 천년의 세월이 흘러가도
온 세계에 울려 퍼진 민주를 지키려 피 흘린 목소리
그 목소리 이 땅에 살아남아 맥맥히 흘러가리라
온갖 불의 부정 어이없는 변절자들
앉아서 볼 수 없어 피 흘려 일어선 그날의 저녁
무법의 총탄에 쓰러진 열사들의 영혼이여
그 뜨거운 핏줄기 세월은 가도 더더욱 푸르리라.

이 땅 남도 마산은 이 나라 민주의 성지
3월에서 4월로 남녀노소 시민들의 아우성소리
방방곡곡에 메아리치고 서울은 4월에 일어서니
부정 불의 일삼던 정권은 3·15로 무너졌다.

분명히 3·15정신은 바로 이 나라의 민주정신
시민들이 피 흘려 이룩한 거룩한 영광은
어느 세월 속에서도 퇴색할 수 없으려니
그날 총탄에 쓰러지며 항쟁한 마산 3·15

그날의 소년들 지금에 살아 머리털 희끗한 나이인데
저 하늘가 영혼으로 우리들에게 무엇을 말하리까.

1999. 6. 30. 『언제나 아침은 태어난다』

이석(1927-2000): 경남 함안 출생. 1958년 『현대문학』 추천으로 등단. 시집 『하초』 외 다수. 1948년부터 1962년까지 마산공립중학교(현 마산고등학교)에서 교사, 이후 부산여자전문대학 문예창작과 교수를 역임하였다. <목마 시대(木馬時代)> 동인이며, 1961년 한국문인협회 마산지부 초대 회장을 역임하였다.

이제하

다시 바다

갈 수 없구나 청산가리 극약
품에 품지 않고서는
프로펠러 달린 최루탄
눈에 꽂지 않고서는

오늘도 어제도 내일도
김주열이 헤엄치는
저기 저
바다

부르짖던 사람들
산비탈로 쫓겨 올라가고
텅 빈 햇볕 드는
텅 빈 바라크

솥뚜껑만한 화경 火鏡

한 손에 쥐고

멍하니 바라보는

저기 저

바다

이제하(1937-2025): 소설가, 시인, 화가. 경남 밀양 출생. 1946년에 마산으로 이주하여 1956년 마산고를 졸업한 뒤 홍익대 서양화과와 조각과에서 수학했다. 1957년 『현대문학』에 시가 추천되고, 1959년 『신태양』에 소설 '황색 강아지', 한국일보에 소설 '손'이 입선하여 시와 소설로 등단했다. 소설집으로 『초식』, 『기차·기선·바다』 등이 있으며, 장편소설집 『열망』, 『소녀 유자』 등이 있다. 시집으로 『저 어둠 속 등빛들을 느끼듯이』, 『빈 들판』 등도 있다. 이상문학상, 한국일보문학상, 편운문학상, 동리문학상, 현대문학상 등을 수상했다.

정규화

그리움에게

날마다 와도 아쉬운 판에
일 년에 한 번씩 오다니
차비가 없어 그러냐
천성이 게을러서 그러냐
나뭇가지마다 잎새는 피었다만
네가 뛰어 놀던
산도 있고 들도 있다만
어디 가서 딴살림하느냐
일 년에 한 번씩 와서
인사치레만 하고 달력 속으로 지는 해는
마산에서 헤어졌던
네가 아니다 공중에서 펄럭인다고 다 그날의
그리움이 아니다
아무리 세월이 흘렀다고 너를 모르겠느냐
해가 뜬 다음에도 오지 않더니
꽃이 핀 다음에도 오지 않을 너를.

마산

잠든 사람의 잠든 땅에서
어두운 거리를 내다보며 몸을 뒤척이고 있는 그대
지금은 전설처럼 가물거리는 자유를
아직도 가슴에 품고 사는,
영원한 자유의 고향을 나는 안다
이제 마산을 말할 때
노산의 노랫말 따위로 들먹이는 것은 죄스런 일이다
자유를 사랑해 보지 않은 이의 혀끝에서
더럽혀진 그대 이름,
봄비는 말끔히 씻어 주고 있다
살아 있는 사람은 그대를 볼 것이고
그대를 본 사람은
자유를 지키리라
우리들의 조국을 위해.

3월 15일 마산에서

벗이여
저게 아니다
의거탑 옆에 놓여진 채
추파를 던지는
화환
우리가 오늘까지 기다린 것이
저렇게 비굴할 리 없다

꼬리표나 흔들며
군림하는
해묵은 여우의 잔재주 다가서는
그들 이름을 저주한들
시간 낭비다

축축한 이 바닥
마산에서
어울릴 수 있는 것은
절대로 절대로 화환이 아니다
화환에 매단 꼬리표에까지
군림한 겁 많은 자들의

살아 있는 이름이 아니다

우리가 기다리는 것은
푸른 하늘로 떠나버린
그리움 그리움 그리움과 함께
딱딱한 돌로 굳어져 있는
3월 15일
그러나 우리의 기다림으로

이름 있는 날만
찾아다니며
곧 쓰레기로 모습 드러내는 화환
제 혼자 잘났다면
비굴한 자의 이름을 대신해 오지 말 것을
용서할 자격은 우리에게는 없다
처음으로 여기서
활활 치솟은 빛
우리는 빛이 하늘에서만 오는 게 아님을 알았다

바람은 산을 넘었다 하면
강을 건너가 맞아온 저들
때 묻은 처세가
폭력보다 더 무섭지만

우리는 하나님과 통할 뿐이다

미소로 돈으로 화환으로 배우로
돌아와서 서성거리는 저것은
그리움이 아니다
3월 15일,
산 자들이 생색내는 날이 아니다

의거탑 주변에
늘어선 그림자의
서늘한 가슴에 비표가 펄럭이면서
무게를 있는 대로 잡고 있는 화환
들리는가
영령들의 절규가 되살아난다.
— 독재는 물러가라
귀에 쟁쟁한 그날의 함성
들리는가 들리는가 들리는가.

기다리는 것은
오지 않았으나
우리의 기다림은 하나
손잡고 가는

우리의 이름은 하나
하나뿐이라 더 소중한 3월 15일
그것은 우리의 그리움이다
절대로 화환으로는 오지 않을.

정규화(1949-2007): 경남 하동 출생. 1967년 마산상고(현 용마고)를 졸업했다. 1981년 창작과비평사에서 펴낸 신작 시집 『우리들의 그리움은』에 시를 발표하면서 작품활동을 시작하였다. <시와 경제> 동인으로 홍일선, 황지우, 김사인, 나종영, 김정환, 박승옥 등과 함께 노동자, 농민의 언어를 지향하며 현실을 비판하는 새로운 시 운동에 참여하였다. 1984년 첫 시집 『농민의 아들』을 비롯, 『지리산 수첩』, 『스스로 떠나는 길』, 『지리산과 인공신장실과 시』, 『오늘밤은 이렇게 축복을 받는다』, 『나무와 바람과 세월』, 『고향의 찔레꽃』, 『머슴새는 울었다』 등이 있다.

최명학

이 가을의 삼일오

가을비 찬바람 속에
우수수 잎 지는 마음으로
삼일오를 생각느니
합포만 깊숙이서
주검만 내보내고
혼은 펄펄 살아서
봄을 기다리는 주열아
그대 기나긴 기다림은
아직 끝나지 않았구나
어쩌란 말이냐 베를린
부다페스트 프라하에도
장벽과 철책 허물며
평화의 봄은 오는데
삼천리 금수강산
한반도의 허리는
아직 이어지지 않고

꿈길 말길 막혀 꽁꽁
얼어붙은 이땅에
민주의 깃발 세울
한 뼘 터전도 없느냐
그날의 서슬 푸른 함성
이제는 땅 밑에나 숨어
기약 없는 겨울잠으로
끝없이 울고만 있느냐
울음도 지극하면
언 땅을 뚫고 솟아
들끓는 물기둥 되련만
아 아 울지도 못하고
허새비 허새비로
쓰러지는 가슴아
분노도 용기도 없이
희망도 의지도 없이
마른 짚북더기 가슴에
우수수 잎만 지누나
어디서 오느냐 봄은
삼일오의 핏값으로
더욱 붉고 빛나는 봄은
아직도 먼 이 땅에
가을비 찬바람만
칼날되어 흐른다.

애기봉 산자락엔

구름도 고개 숙이는
애기봉 푸른 자락엔
초롱초롱 눈 맑은
형님들이 누워 있다
썩은 땅 갈아엎어
바른 나라 밝은 세상
다 함께 세우자고
목청껏 소리치다
가슴에 붉은 꽃잎 달고
쓰러진 형님들이
거친 숨 다스리며
나란나란 누워 있다
아직 안개 걷히지 않은
세상을 내려다보며
때론 한숨도 쉬지만
손에 손 잡은 떼풀들이
온 뫼를 푸르게 끌어안듯
새 날은 꼭 밝아 오리라
꿈 담은 눈 감지 않고
부활 예비하며 누워 있다

애기봉 날로 푸르러진다.

최명학(1952-2006): 강원도 홍천 출생. 1973년 2월 마산으로 이주하여 수출자유지역 근로자로 취업하였다. 직장 노사위원으로 임금 인상을 주도한 후 사용자 측의 압박으로 퇴사하였다. 이때의 경험을 담은 단편 「낮게 나는 작은 새」(『마산문학』 2집, 1983)를 썼다. 수출자유지역 노동자들의 문학동호회인 '갯벌' 결성을 주도하였다. 1980년 제30회 월간문학 신인상을 수상하여 본격적으로 문학의 길로 나섰다. 1982년 첫 시집 『소박데기의 노래』, 1985년 2인 시집 『갯가에서 부는 바람』을 비롯하여 두 번째 시집 『마른나무 꽃 피우기』, 1992년 창작집 『꿈꾸는 바위』, 1993년 세 번째 시집 『숨은 별 이름 찾기』, 1998년 네 번째 시집 『흐름 위에서』 등을 출간하였다.

강신형

표적을 위하여

지상의 마지막 절망이
흐느끼는 나라에
오월의 뜨거운 분신焚身들이
황사바람을 일구고 있다.

기억하고 있으리라
이 시대의 사랑 노래가
창동에서 불종거리에서
새벽안개처럼 퍼져나올 때
오랜 기다림의
썩은 정권은 갔다

표적을 위하여
아직 가슴이 더운 사람들은
최루탄과 군홧발과 철봉을

두려워하지 않는다
오직, 하나의 믿음
사랑한다고 말할 수 있는 믿음 속으로
불꽃이 되어 우리는 간다

지상의 마지막 절망이
흐느끼는 나라
산을 넘고 강을 건너
'민주' 그 표적을 위하여
불새가 되어 황사바람을 타고
우리는
간다.

만취 漫醉

- 부마항쟁에 부쳐

    누깔이 얼얼하네. 귀가 윙윙대네. 코가 맹맹하네. 입안이 텁텁하네.

    오장육부를 끝없이 씻고 또 씻어 내어도 목구멍에 걸린 청양고추같이 알싸하게 묻어나는 1979년 10월의 마산이여!

    가을이 가고, 겨울이 가고, 진즉 봄도 왔다지만 발딱발딱 몸을 일으켜 하늘을 우러러보고 땅을 살피는 꽃 같은 마음은 없고 상가지구 喪家之狗만 컹컹대는 오늘 나의 만취를 어찌할꼬.

마산의 눈물

대한의 아드님들아! 따님들아!
남도의 따님들아! 아드님들아!

그대들은 속절도 없이 잊혀져 가는
1979년 10월 부마釜馬 의 역사를 알고 계시는가

아버지와 어머니
또, 그 앞의 세대들인 아버지와 어머니들이
민주와 자유의 향기에 이끌려 모진 바람 속에
스스럼없이 몸을 내맡겼던 기억을

그 누구든지
사람의 아들로 딸로 태어나
귀하고 성스럽지 못한 목숨들 있겠느냐마는
그대들의 아비와 어미들은 맨주먹 맨발로
서슬 푸른 정권의 칼날에 맞선
한 포기 청초한 풀잎이 되었다
그때.

그리고 사십여 년 세월이 흐른 오늘

그렇게 믿고 묻어 왔던 진실은
산산이 부서져 '너 그 자리에 서 있었냐'고
나에게 너를 묻고, 너에게 나를 묻고

남성동, 창동, 오동동, 북마산, 신마산 거리는
낯선 10월로 다가와 앉아
아무도 증언할 수 없는 말씀들로
벽오동 소리를 낸다.

지금은 이름도 없는 사람들로 하여금
마산이라는 이 도시가
뒷골목 어디에도 남아 있지 않는
'민주와 자유'라는 거창한 이름 앞에서
그렇게 아주, 아주 서럽게 울고 있다

대한의 아드님들아! 따님들아!
남도의 따님들아! 아드님들아!

강신형(1959-   ): 마산 출생. 1978년 개천예술제 문학부 대상 수상. 1985년 『민족문학』을 통해 시인으로 등단했다. 1985년 2인 시집 『빛 그리고 둘』을 비롯하여 『표적을 위하여』, 『꿈꾸는 섬』, 『꿈, 꾸다』, 『관심 밖의 시간』, 『내게 이제 와 나직이 묻는다』를 발간하였다. 남명문학상 신인상, 마산시문화상 등과 2023년 김달진문학상을 수상하였다.

정일근

새 양복과 연애와 10월 18일과

그의 양복은 아직 남아 있을까
쑥색이었는지 정확하지 않지만
공무원이었던 그의 아버지가
박봉을 쪼개 새로 맞춰준
춘추복 새 양복을 입고 온
그날은 뚜렷이 기억하고 있다
시월이었고, 그의 연애사는
초등학교 동창인 영교과 여학생이
화두였다 새 양복 입고
그 여학생과 약속이 있던 날이었다
그날 오후 연애다리*에서 만난다며
종일 달떠 있던 그의 연애담은
근사한 로맨스 없이
자욱한 최루탄 연기 속에
새 양복바지만 쭉 찢어지고

급하게 짜깁기한 상처만 바지에 남았다
18일이었다, 그는 연애다리에서
가슴 뛰는 연애를 기다리다
캠퍼스를 박차고 달려 나가는
시월의 가슴 뜨거운 학생들과 함께
오동동으로 창동으로
마산의 골목골목 실핏줄처럼
독재정권 물러나라 고함을 치며
부마사태를 만들고
세월이 흘러 부마민주항쟁이 되었다
대통령 박정희가 어떤 독재자였는지
10·18일이 어땠는지
두툼하게 넘치도록 기록되고
국가기념일이 되고 기념단체는
사단법인이 되어 역사에 남았다
그의 새 양복이 찢어졌던 일 역시
역사의 한 줄이었던 것을
누구인들 부정하지 못한다
박 정권은 김재규의 총탄에 무너졌지만
대한민국이 그의 새 양복을 보상했는지
나는 알지 못한다
항쟁으로 남은 것들 속에는
그런 사소한 것 역시 남아야

살아 있는 역사가 된다고, 시월이 오면
나는 추억한다, 추억할 수 있기에
부마민주항쟁이, 그가 존재하는 것이다
박정희가 여가수들을 불러 놓고
양주 시바스 리갈을 즐겨 마셨다는
후일담이 당시 독재에 남았듯이
부마민주항쟁사에 그의 새 양복과
그날로 파투난 그의 연애 또한
누군가는 소중하게 기억해야 할 것이니.

*연애다리: 마산 문화동의 다리 이름.

시월, 처음
- 1979. 10. 18.

같이 간다는 것은 월영동 449번지와 함께
단단한 횡대 스크럼을 짜는 일

앞서서 나가는 사람 따라 뛰어야 했기에
아무런 두려움이 없었다

독재타도- 유신철폐- 목이 터지라 외치며

마산의 중심에서 함께한 민초와 함께

실핏줄처럼 퍼져 있던
마산의 살아 있는 모든 골목골목 끝까지

시월에 피었던 가장 붉고 뜨거웠던 꽃이여

꽃송이 꽃송이 활화산처럼 터졌던.

십점일팔*은 없다

마흔 해 만에

국가기념일이 되었지만

십점일팔은 없다

부산과 마산을 더해

부마민주항쟁의 이름으로

하나의 기념재단이 생겼다

그 재단은 어디에 있고

누가 누가 모여

무슨 일을 하는지

아는 사람이 드물다

기념식은 부산의 십점일육** 날에

맞춰서 열린다

부산이 뛰어서

마산이 뛰었나?

마산은 그 항쟁에서 결국 2등을 했나?

부산은 부산

마산은 마산으로

각각 인정할 수 없었나

십점일육은 있는데

십점일팔은 사라졌다

왜 아무도 항의하지 못했나
십점일육의 입은 옷 안에
십점일팔은 런닝 정도인가
맞다! 생각해 보니
십점일팔이 있다
경남대학보사의 재학생 현상공모
10·18 문학상은 있다
결국 그날 우리는 뛰어서
딸랑 문학상 하나 만들었다
1979년 10월 18일에.

*십점일팔 10. 18
**십점일육 10. 16

정일근(1960-   ): 경남 진해 출생. 1985년 한국일보 신춘문예에 시 「유배지에서 보내는 정약용의 편지」로 당선되어 등단했다. 시집으로 『바다가 보이는 교실』(1987), 『유배지에서 보내는 정약용의 편지』(1991), 『그리운 곳으로 돌아보라』(1994), 『처용의 도시』(1995), 『경주 남산』(1998) 등을 비롯하여 『꽃장』(2025)에 이르기까지 많은 시집을 출간하였으며, 시와시학젊은시인상, 소월시문학상, 지훈시문학상, 이육사시문학상, 김달진문학상 등을 수상했다. 현재 경남대학교 석좌교수로 재직 중이다.

이서린

그러나 아니었다

오빠가 없어졌다
저녁 먹고 온다던 사촌오빠가 밤길에 끌려간
그해, 이모의 폐결핵은 더 심해졌다
각혈 같은 노을이 몇 번이나 쓰러진 후
오빠는 다리를 끌며 돌아왔고
검은 구름은 뭉텅뭉텅 북쪽 하늘로 몰려갔다
그즈음 자정 넘은 머리맡에서 들렸던 말은
대통령, 유신, 고문, 데모 같은 단어였다
이해할 수 없는 이야기들을 듣다 까무룩 잠이 들면
쫓기는 꿈을 꾸다 날이 밝았다
아랫방에 같이 살던 이모와 오빠는
학교 가는 나를 보면 그래도 웃어는 주었다
더 이상 나를 업어 주지도 목말을 태워 주지도 못하는 오빤
중학생만 되어라 탁구를 배워 주마 하였지만

목발 없이는 걷기도 힘든
근사하고 꿈 많던 대학생이었다
노란 은행잎이 눈물처럼 투둑 떨어지던 가을
인생이 무엇인지 모르던 열두 살 나는
이제 세상은 변할 거라고
아니 바뀌어야 한다는 어른들의 말씀을 엿들으며
나는 여전히 학교와 만화방과 골목을 오갔다
그해, 시월이었다

잊혀진 계절

지금도 기억하고 있어요 시월의 마지막 밤을

국밥집 주인 박씨는 이 노래만 들으면 가슴이 아프다
매캐한 연기 속 여기저기 흩어지던 친구들 생각으로
소주에 노래를 말아 털어 넣는다

울화가 낙엽처럼 쌓여 눈시울 붉어져
손님 없는 국밥집에서 혼자 부르는
쉰 목소리로 목청껏 외쳐 보는 노래여

이서린(1961-   ): 경남 마산 출생. 1995년 경남신문 신춘문예 시(詩) 당선. 2007년 김달진창원문학상, 2021년 형평지역문학상 수상. 2015년에 시집 『저녁의 내부』, 2020년에 시집 『그때 나는 버스정류장에 서 있었다』를 출간하였다.

김유철

돌멩이 날다

그 해가 오기 전부터

돌멩이는 날았다

박가(朴哥)가 처음은 아니었다

그 누구의 시간과 시대가 오더라도

봄을 가로막는 겨울공화국을 만들 때마다

불공정하고, 썩은 냄새를 피울 때마다

자유를 억누르고, 시민의 입을 막을 때마다

그래,

지구가 멈추지 않는 한

돌멩이의 비행은 계속된다

당신은 언제나 오시렵니까

국민이 주인인 세상

더불어 도우며 사는 세상

앞사람이 뒷사람 손을 잡아 주는 세상

서로를 주인공으로 바라보는 세상

있는 자리의 일상이 행복한 세상

민주주의, 당신

어서 오소서

김유철(1960-   ): 서울에서 태어나 부산에서 자랐다. 현재 창원에 거주하면서 노동자와 사회적 약자를 대변하는 현장 시인으로 활발하게 활동하고 있다. 2007년 『가톨릭문학』 수필, 『경남작가』 시 등단. 시집 『산이 바다에 떠 있듯이』, 『천 개의 바람』, 『그대였나요』와 포토포엠에세이 『그림자숨소리』, 평전 『고승하 평전』 등을 출간하였다. 경상남도문화상, 경남민족예술인상을 수상하였다.

주요 참고문헌

1. 작품집

『아름다운 평등 - 권환 전집』, 황선열 편, 도서출판 전망, 2002.
『권환 전집』, 박정선 엮음, 한국문화사, 2023.
『카프시인집』, 이남호 편, 열린책들, 2004.
『정진업 전집1 시』, 박태일 엮음, 세종출판사, 2006.
『이선관 시 전집』, 배대화, 우무석 편, 불휘미디어, 2015.
『3·15의거 시 전집』, (사)3·15의거기념시업회, 2010.
『부마인가요?』, 우무석, 정일근 엮음, (사)부마민주항쟁기념사업회, 불휘미디어, 2021.
우무석, 『수평선이 있는 집』, 불휘미디어, 2013.
우무석, 『10월의 구름들』, 불휘미디어, 2013.

2. 연구자료

김경복	「반역의 상상력과 역사의식 - 정진업의 시 세계」, 『제4회 창동허새비축제, 이선관문학심포지엄 자료집』, 이선관시인추모모임, 2013.
김종철	「시의 구원, 삶의 아름다움 - 이선관 시에 대하여」, 『시적 인간과 생태적 인간』, 삼인, 1999.
박영주	「마산연극의 흐름」, 『마산문화』 제1권, 1982.
박정선	「권환의 초기문학과 진전(鎭田)의 문화 환경」, 『어문논총』 제77호, 한국문학언어학회, 2018.
박진해	「문학이 품은 부마민주항쟁」, 『부마민주항쟁 문학축전 발표자료집』, 부마민주항쟁기념재단, 부산작가회의, 2020.
박태일	「권환의 절명작 연구 (1)」, 『한국현대문학연구』 56, 2014.
배대화	「마산일보와 이선관 시인, 김종철(『녹색평론』) 선생, 미발굴 시 - 생태주의자 이선관 시인과 김종철 선생의 시원 -」, 『이선관 시인 18주기 문학심포지엄 자료집』, 이선관시인기념사업회, 2023.
배대화	「항쟁, 기억 그리고 문학」, 『기억과 계승 - 제42주년 부마민주항쟁 기념 시민강좌 자료집』, 10·18 부마민주항쟁기념사업회, 2021.

배대화	「이선관의 시: 풍자와 해학」, 『제11회, 창동허새비축제, 이선관문학심포지엄 자료집』, 이선관시인기념사업회, 2020.	
배대화	「카프 이후의 마산 문학 - 정진업과 이선관」, 『제6회 창동허새비축제, 이선관문학심포지엄 자료집』, 이선관시인추모모임, 2015.	
배대화	「이선관의 실천적 시 세계의 시학적 특성」, 『인문논총』 제20권, 경남대학교 인문과학연구소, 2006.	
이민영	「이광래 연극운동의 사상적 배경과 아나키즘」, 『어문학』 134집, 한국어문학회, 2016.	
이병례	「1930년대 초반 식민지 조선의 경제공황과 일상의 균열」, 『역사연구』 31호, 2016.	
이성모	「민족의식, 인간답게 사는 길 - 월초 정진업의 시」, 『기억, 시』, 파란, 2023.	
이성모	「대항담론, 모순과 부조리 - 이선관의 시」, 『기억, 시』, 파란, 2023.	
이성모	「정진업 시의 정신사」, 『제4회 창동허새비축제, 이선관문학심포지엄 자료집』, 이선관시인추모모임, 2013.	
이은진	「1979년 마산의 부마민주항쟁 - 육군고등군법회의 자료를 중심으로」, 민주화운동기념사업회·부마민주항쟁기념사업회 간행, 도서출판 불휘, 2008.	
이홍숙	「시인 권환의 공백기에 대한 고찰 - 감옥살이부터 박간농장(迫間農場) 생활을 중심으로 -」, 『항도부산』 43호, 2022.	
전희선	「권환의 행보와 아버지 존재와의 관계 연구」, 『한중인문학연구』 Vol. 44, 한중인문학회, 2014.	
한정호	「권환의 문학행보와 마산살이」, 『지역문학연구』 11집, 경남부산지역문학회, 2005.	

푸르른 그대로

초판 인쇄　2025년 9월 15일
편저자　배대화
펴낸이　김리아
펴낸곳　불휘미디어
　　　　경상남도 창원시 마산합포구 오동동10길 87
　　　　(055) 244-2067
　　　　2442067@hanmail.net

가격 18,000원
ISBN 979-11-92576-87-9　03810

*본 도서는 2025 경남 지역서점 및 출판문화 활성화 지원사업의 지원을 받아 발간되었습니다.